中華華人講師聯盟
International Chinese Speaker Alliance

# 有一分熱
# 發一分光

【中華華人講師聯盟】 合著

羅懿芬 吳佰鴻 謝聰評 黃子為 賴明玉 謝秀慧
陳宜禮 李培甄 王俊涵 劉爾金 高家偉 戴智權

# CONTENTS

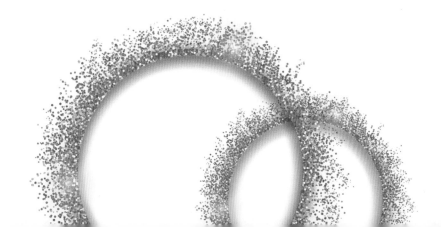

# CONTENTS

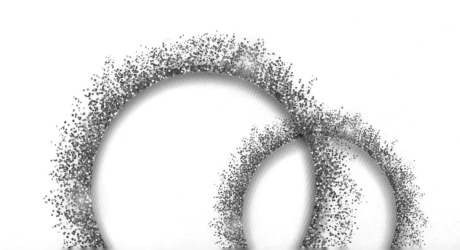

推薦序　**張淡生** 中華華人講師聯盟 創會會長

# 成為向前、向上、向善的力量

「中華華人講師聯盟」是一個笑淚與共的團隊。

歡樂時大家一起共享團隊的樂趣：我們一起旅遊歡樂在一起！

悲傷時大家一起共度難關，緬懷前理事長梁修崑、陳於志所付出的精神！

1. 共事——大事一起參與，小事多多協助！

2. 共識——大型活動月例會全力配合！

3. 共鳴——能夠深入內心深處，進入思想領域產生共鳴！

4. 共振——產生多元領域的效果，進而產生良好的效益，讓人效法！

5. 共學——「中華華人講師聯盟」是一個學習團體，學習成長學習付出！

6. 共好——多多付出少少得到，大家一起得到進而更好！

「中華華人講師聯盟」的特點，就是「平台」、「整合」、「聯結」。

平台：每個人都需要平台，「中華華人講師聯盟」的平台是正向的、積極的、樂觀的、興奮的、喜悅的、開朗的、成功的！

整合：人與人之間在一起都要人事物好的整合。

人與人的合作關係，

人與事物的效果關係，

人與物的協調關係，

整合在一起優的勝出！

聯結：成功是用我們的夢想和信念連結在一塊，進入沒有失敗與污染的成功社區，一起互動成功一起網遍全球，成功是可預期的！

總結「中華華人講師聯盟」團體是一個向前、向上、向善的力量，如此推而廣之普及到每一個階層每一個角落，並成為華人世界最具正面影響力的團體，我們大家一起在這裡廣耕、深耕、勤耕、精耕、好耕，就一定良耕，這是華盟每一老師的共同使命！

推薦序　**林齊國**　中華華人講師聯盟首屆理事長
双美生物科技股份有限公司董事長 / 學習長

# 一生有限，影響力無限

「天時地利人和」是齊國的座右銘！齊國的詮釋是，何時、何地、何人，都是齊國可以學習的時間、地點和對象。

《有一分熱 發一分光》這本由中華華人講師聯盟 12 位專業講師合著的新書，匯集了講師們的生命經歷和智慧，讀一本書可以得到 12 份珍貴的人生經驗，齊國獲得了超級濃縮的養分，是一次非常充沛的知識大進補。

這 12 位講師的分享，講題主軸看似不一樣，其實當中有個共通的亮點，正如同本書的書名《有一分熱 發一分光》；可以看到每位講師的專長之處各有不同，像是 ESG、舞易術、香氣、表演聲音、律師，每一項都是一門專業。又或者，激勵、學習、心靈提升……，也都是相當具有影響力的議題；無論自己所學所知是什麼，只要自己有一些些的能量，都能發出自己獨特的光芒。

感恩每位講師都掏出真心，分享人生的關鍵時刻，以及所經歷的高峰和低谷，成功絕對不是偶然，講師們在人前所展現的成果，人後是要付出多少的心血來成就，也才能有今天我們所看到的字字珠璣。

這是一本勵志的書籍，由 12 個面對考驗時成長故事來啟發我們、

激勵我們，讓我們學習或體會。若是有一天，當我們的人生走到茫然或面對低潮，要如何能夠從中找到方向，甚是重新站起來的力量，更重要的是，在我們有限的一生中，學著創造個人的價值，開拓自己頭上的一片天。

　　齊國常想，人的一生有限，但是影響力卻有機會無遠弗屆，讓我們一同細細品味 12 位講師的人生故事，一同在有限的自我，開創無限的生命價值。

推薦序　陳亦純　中華華人講師聯盟 第三屆（2008年）第十二屆（2022年）理事長
　　　　　　　　磐石集團 台大保經董事長

# 事志合一，有熱就有光

　　你能夠從事講師工作，不是你被吸引來的，而是上天要你來的，你帶著天命來到這個世上！

　　擔任講師工作是神聖的，你的一句話可能改變一個人或無數人的命運！

　　你是一個有影響力的人！

　　所謂三施，即財布施、法布施、無畏布施！

　　擔任講師三施具足，因為你傳達了正能量的觀念、創造了人們需要的淨財、你是社會的志工，你建立了利他的平台。

　　每個人都希望心想事成，也希望能夠有一個利人利己的帳戶，天天利人，並在分享時創造自己的社會地位、系統化收入，並創造大眾幸福生命體，這便是擔任講師的宗旨與理念！

　　一枝獨秀，團隊優秀更可貴！

　　一個人走得快，一群人走得遠！

　　中華華人講師聯盟從2006年創立以來，已經在華人世界裡面建立受尊重有影響力地位！

　　華盟不但提供講師們合作成長的平台，更將自己的所學和能力讓社會更和諧更有創造力。

　　地球在急速變動中，暖化、戰爭威脅、老齡化、少子化！

　　講師就是要撫慰民眾不安的心靈，提供豐富生命的策略和方法，生活的目的是利他，利他一定可以利己。

　　有一分熱，就可以發一分的光。

　　事業和志業可以合為一體！

　　不要小看自己的力量，你像一個火苗，你可以讓天地充滿了光！

　　你的能量造就宇宙繼起的力量，12 位正向的講師，不但活出自己真正的自我，還將讓看到這本書的幸運讀友，具足智慧，擁有需要的一切！

　　歡迎您參加華盟的活動，也希望如果你願意，加入華盟講師的行列，成長、日日行善，讓你的光與熱充沛天地！

推薦序    鄭雲龍    中華華人講師聯盟第十屆（2019年）理事長
身體智慧有限公司執行長／脊椎保健達人

# 啟發人心，從平凡走向非凡

　　我很榮幸能為這本書寫推薦序，這本書不僅是一本優秀的教育書籍，也是一本能夠啟發人心的成長指南。

　　我在中華華人講師聯盟（簡稱華盟）成立的第三年就加入這個大家庭，如今已經是15年的老會員了，當時我還是30來歲的年輕講師，華盟的大活動我都全身心投入服務，如讓人津津樂道的全方位菁英培訓營、講師培訓與認證、樂學講堂、海外義講……等等，我在參與這些活動中學習與成長，跟講師朋友們共享彼此生命中的感動，也曾擔任過秘書長及理事長，體驗到對社會貢獻價值的意義，磨練了領導、溝通、與人合作、講師專業等技能，如今的我如果還算是走在成功的道路上，那都是華盟講師前輩、講師好友們一路的陪伴與提攜。

　　「樂學分享，明師典範」是華盟的精神標語，我們將有價值的知識做有效率傳播，希望帶給社會向上與向善的力量。除了海內外演講之外，出版書籍更是華盟菁英講師分享經驗與知識的重要途徑。這本《有一分熱 發一分光》是中華華人講師聯盟出版的第七本著作，作者群都是華盟講師菁英中的菁英，更是我多年好友，他們不僅在自己的專業領域有卓越的成就，也在社會上有積極的貢獻。他們用自己的

行動和言語影響著無數的聽眾和讀者，讓他們感受到學習和生活的樂趣和意義。他們也用自己的經歷和智慧鼓勵著那些遇到困難和挑戰的人，讓他們找到信心和勇氣。

在這本書中，你可以看到他們如何從平凡走向非凡，如何從困境走向成功，如何從迷茫走向清晰。你更可以看到他們對知識、對價值、對理想、對夢想的追求和實踐。

誠摯推薦您閱讀這本書，您將可以透過講師們的成長歷程、思想、行為、態度等等，從而對自己的生活和事業有所啟發和幫助，我相信這本書會給你帶來深刻的啟發和感動，會讓你重新認識自己和周圍的世界，讓我們一起「有一分熱，發一份光」。

**理事長的話　羅懿芬** 中華華人講師聯盟第十三屆（2023年）理事長

# 精進專業，貢獻價值

　　巴菲特說：「人生就像滾雪球，只要找到濕的雪和一條長長的坡道，雪球就會越滾越大。」

　　懿芬非常幸運能夠在2010年加入「中華華人講師聯盟」，這一年也是華盟在內政部正式立案成會的第一年，剛好有機會學習到講師社團會務成型的過程；首屆的理事長由典華幸福集團學習長林齊國擔任，並由陳志明博士擔任秘書長。

　　印象特別深刻的是，為了定調華盟更明確的使命、願景和方向，同年12月在台北孔廟以世界咖啡館模式舉辦「華盟品牌願景共識

營」，這是我第一次在社團體驗到很不一樣的交流狀態，每個人都很投入分享不同觀點，並以開放式的方式凝聚共識；在會務建置上設立了六個功能委員會輔助會務的執行與推展。

華盟每個月例會，有餐會聯誼交流、會務報告，還有精彩的專題演講，每次都吸引了很多會員及來賓參與學習。我在華盟的十三年，在歷屆理事長及團隊規劃下，每次活動都會留下不同的學習與收穫。

華盟的每一位會員都是業界講師，為了讓華盟會員能持續精進教學能力與品質，2010 年在林齊國理事長及陳志明秘書長的推動下，舉辦第一屆「華盟專業講師培訓認證」，並在歷屆會長群全力相挺、以身作則帶動下，更凝聚了老師之間的情感與華盟認同。同時，也開啟華盟每三年定期舉辦結合培訓課程、試講指導、評鑑認證的「專業講師培訓認證」活動，培養會員定期精進的風氣，自 2010 到 2023 年，華盟已舉辦了五屆，培訓出許多優質講師。

此外，在不斷變化的世代，講師也必須與時俱進，除了講師認證外，每年也會安排不同元素的課程，例如：當培訓撞見引導技術、直播與社群行銷實戰班、成為知識型網紅的數位技能……等等，讓會員的學習也能貼近時代，不只是深度的加強也能有廣度的拓展。

關於海外義講，這是我在華盟學習最多的活動，華盟也是目前唯一持續舉辦海外義講的講師社團；每位講師都是自付機票、住宿、自備義賣品前往，義講、義賣所得 100% 裸捐給當地弱勢團體；雖然每次兩地活動設計、媒體宣傳、贊助邀約、場地協調、志工調度……都

是繁瑣的溝通挑戰，但是都不影響華盟講師為公益無私奉獻的善心，希望能拋磚引玉，讓愛心擴及到華人社會；每次我看到講師們在台上為募款賣力演出，在台下捲起袖子義賣品搬上搬下的情景非常感動！

為落實「分享知識、啟發智慧」的精神，華盟透過出版講師合輯及舉辦「樂學講堂」讓社會大眾易於親近閱讀與知識學習，至今已出版七本系列叢書，包括：《陽台上的人》、《夢想行者》、《成功有理－15 位大師的軟實力、硬功夫》、《平衡的力量》、《贏戰高峰》、《講師寶典》、《有一分熱 發一分光》，每次的新書發表會都以「全方位菁英培訓營」方式促進社會學習風氣，新書義賣所得善款全數捐助台灣地區需要幫助的弱勢團體，華盟作者群已陸續捐出一萬多本書義賣。

每年的「樂學講堂」也會推出華盟優質專家達人，分享各領域知識，深獲民眾好評。特別是 2017 年華盟在銘傳大學逸仙堂舉辦的「華盟千人講堂」，造成社會很大的迴響。

　　將近三年新冠肺炎疫情影響，對很多社團經營都是不容易的，華盟會務也受到很大的挑戰，因實體活動幾乎全部暫停，月例會也從實體改以線上視訊方式進行，即使偶有實體活動，也有人害怕染疫而不敢出席，社團與社會都瀰漫著不安氛圍，也造成會員流失嚴重；雖然2023年終於熬過疫情、迎來疫後新生活，但解封後報復式出遊，及各大社團活動蜂擁而出，又是社團另一波搶人考驗。

　　身為華盟十八年來首位女性理事長，又逢三年疫情後活動爆發期，每個決策都誠惶誠恐；做為一個專業的講師團體，每個活動背後都有其設計的意義，所有的啟動更有賴強而有力的團隊；非常感謝華盟前輩的經驗傳承，感謝第十三屆理監事及工作團隊的全力支持，讓懿芬能夠放心的聚焦「精進專業、貢獻價值」年度目標全力以赴。透過本屆精實的各項活動，2023年也順利吸引近五十位新會員加入華盟，正式會員人數達120人，刷新華盟歷年紀錄！

　　的確，「人生就像滾雪球，只要找到濕的雪和一條長長的坡道，雪球就會越滾越大。」非常感謝張淡生創會長，開創這麼棒的講師平台、聚集這麼多優質的講師；讓華盟這個雪球，隨著時間的移動，能量及影響力也越來越大；《有一分熱 發一分光》這本書也是在這樣的氛圍下誕生的。

　　每個人都有自己的一片天，都有著自己的一盞光，重點在於如何看待與抉擇；感謝十二位老師的人生經驗分享，希望讀者們在人生某些轉折或面臨挑戰時，能夠因為這本書帶來前進的力量，也期望社會因為每一分熱、每一分光，變得越來越好！

# 華盟歷屆舉辦海外義講

**01** 2011 年 11 月

在林齊國理事長和陳志明秘書長的帶領下，華盟首次遠征海外，舉辦「龍的傳人」馬來西亞慈善演講大會，為當地華人盛事。自此，開創了華盟海外義講之風，並到當地具體幫助弱勢慈善團體！

 **02** 2012 年 5 月

陳志明秘書長領軍「第二屆龍的傳人」，前往馬來西亞慈善演講，成果豐碩，再次為華盟寫下輝煌的一頁。

2012 年 11 月

在吳政宏理事長和鄭雲龍秘書長帶領下，「第三屆龍的傳人」18 名老師遠赴中山、深圳、香港等，兵分三路，同步進行多場大型慈善演講。

 2014 年 11 月

由何智明理事長領軍，28 位老師前往廣州，與廣州市心明愛社會工作服務中心合辦親子講座：「用生命影響生命」，為當地珍珠計劃募款。

2017 年 5 月

在卓錦泰理事長領軍下，24 位老師再度登上馬來西亞與 Axti 孫總的團隊共同展開「龍的傳人亞洲名師公益講壇」。

 2018 年 7 月

由劉邦寧及曹健齡兩位理事長領軍，12 位講師參與「第四屆龍的傳人」馬來西亞海外義講，以 12 小時演說馬拉松的創意模式，分享講師生命故事與專業。

**07** 2019 年 12 月

由鄭雲龍理事長領軍，帶領廣州參訪團 11 位老師，參加企業主的軟實力硬功夫 - 領袖級座談會及萊克斯頓公司 TED 演講，分享台灣企業經驗與講師們的專業智慧。

**08** 2023 年 5 月

由羅懿芬理事長及陳亦純團長領軍，20 位華盟老師與馬來西亞 Axti 孫總團隊共同舉辦兩日「亞洲智創未來公益講座 3.0」，及勞務縣發展華小工會－－探索未來，快樂成長公益講座。

# 2023 年會務推動：

　　第十三屆在疫情捆綁三年後，終於恢復實體活動，除了每月例會超級講師演講、慶生活動、會務報告外，也增加豐富的會務項目及培訓活動。

　　今年為所有會員老師量製專業講師形象制服；為新書合輯《有一分熱 發一分光》製作會員 Polo 衫、安排宜蘭青青馬場會員年度旅遊；在陳志明老師的協助，今年也啟動睽違五年的馬來西亞海外義講，並安排了四場馬來西亞企業參訪：實踐家教育集團、創富天下國際傳媒、帆書／樊登吉隆坡書店、馬來西亞講師協會；規劃兩場新時代講師數位迷你工作坊、舉辦華盟三年一次專業講師培訓認證、推動兩場「華盟速沛 Talks」分享講座、安排好課多數位教育、身體智慧、佐臻公司三場台灣知名企業參訪。

此外，羅懿芬理事長也為華盟十二位老師出版《有一分熱 發一分光》合輯、籌劃中正紀念堂新書發表會暨公益講座、出版華盟年度特刊……等。

# 華盟各屆精神標語

初創華盟（改制前第一屆）張淡生創會長

財經華盟（改制前第二屆）胡立陽會長

陽光華盟（改制前第三屆）陳亦純會長

愛心華盟（改制前第四屆）李富城會長

------------------ 正式立案 ---------------

轉型華盟（第一屆）林齊國理事長「樂學分享 明師典範」

學習華盟（第二屆）林齊國理事長「樂學分享 明師典範」

制度華盟（第三屆）吳政宏理事長「培育人才 建立制度」

平台華盟（第四屆）梁修崑理事長「平台構建 盡情揮灑」

品牌華盟（第五屆）何智明理事長「專注主題 專業經營」

典範華盟（第六屆）何毅夫理事長「勇於突破 價值創新」

璀璨華盟（第七屆）卓錦泰理事長「璀璨共享 創造未來」

願景華盟（第八屆）曹健齡理事長「回歸使命 追求願景」

專業華盟（第九屆）劉邦寧理事長「淬煉專業 共享平台」

團隊華盟（第十屆）鄭雲龍理事長「團隊協力 系統運作」

樂學華盟（第十一屆）陳於志理事長「樂學分享 明師典範」

轉機華盟（第十二屆）陳亦純理事長「迎接轉機 創造新機」

精進華盟（第十三屆）羅懿芬理事長「精進專業 貢獻價值」

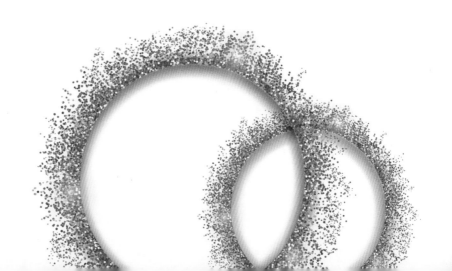

享受人生低谷　掌握講台高點

# Profile

## 羅懿芬

# 講師簡介

中華華人講師聯盟第十三屆理事長
卓越華人訓練團隊 執行總監
台灣第 50、56、57 屆廣播金鐘獎評審委員
2014-15 中國「我是好講師」比賽台灣賽區評委
2016-21 兩岸華人好講師比賽 台灣賽區評審長
行政院人事行政總處公務人力發展學院講師
中華青年人才培育協會 YANG 講師
台灣金融研訓院 TABF 金融師資培訓講師
台北市電腦商業同業公會 TCA 講師
社團法人中華民國健言社第 23 屆理事長
新北市中華育林多元教育發展協會創會理事長

## 榮獲獎項

中華民國健言社第十八屆全國國語金口獎比賽冠軍
中華民國健言社第十九屆全國奧瑞岡辯論比賽冠軍
中國「我是好講師」大賽 第一屆課程設計得獎人

## 國際版權課專業證照

ATD DesigningLearning Certificate Program® 培訓課程設計認證
中國華商基業版權課《® 結構性思維》認證導師
ATD Training Certificate®TTT 培訓課程認證
芬蘭版權課創造性教學引導技術課程認證
美國 AL 加速式學習中文班第三期 引導師認證
《知人善任之 DISC® 性格行為分析》顧問技術
《The Leadership Challenge® 領越領導力》
《The Five Dysfunctions of a Team® 克服團隊協作的五種障礙》認證導師
TAF 培訓師引導技術第一期認證導師
《同理心的力量 ®》 版權課高階認證導師

## 聯絡方式

信箱：loyifen0368@gmail.com

在日新月異的時代，終身學習非常重要，而什麼是真正的「終身學習」？成功學大師史蒂芬‧柯維（Stephen Covey）提過，人生若要成功，其中一個最佳的自我投資策略就是不間斷的自我教育，唯有以學習提升思維，才能開拓寬廣的格局。

一個平凡的職場女性，如何透過人生的轉折，從害怕在眾人面前講話的普通人，成為可以在台上對著數百聽眾侃侃而談、傳遞溫暖與知識的講師？讓我們來看看當面對挫折與不自信時，羅懿芩如何透過堅定與努力過關斬將，踩著一階階勤奮交疊的階梯，邁向現在的自己。

## 讓學習融化焦慮的情緒

你站在鎂光燈前會恐懼嗎？你覺得自己時常焦慮嗎？

很難想像，一位口齒清晰、台風穩健、掌控現場有條有理的比賽常勝軍口中也會說出：「你知道我站在舞台上，一直是很容易緊張的嗎？」因此，學習如何處理與善待自己的情緒，已經是現代人的一大功課。

歷經各項比賽，後來也加入講師行列，取得多項專業講師認證的羅懿芬老師談道：「以前我面對群眾真的會發抖，擔心發生各種意外，每次上台前都會想：『天啊，我何必做這種事？』」因此，她當初會進入講師圈的開端，就只是因為想克服自己容易緊張、不自信的個性。

她回憶起自 1993 年開始，她與先生一同白手起家創業，在事業衝刺期間，要顧及公事也要忙於家中三個孩子，同時又在慈善團體擔任總幹事，參與許多急難救助個案察訪。由於本身個性謹慎，所以每一份訪談的記錄都花費心力多方求證，認真對待，並積極協助案主轉介相關單位尋求更多資源。沒想到，在長期的過度忙碌下，逐漸發現自己每天心緒不寧，雙手常不自覺發抖，面對手邊的事情一直怕自己有疏漏或做得不夠好，並常會產生負面的想法。

除此之外，在壓力不斷的累積之下，她也引發了嚴重的失眠，於是她開始尋求專業醫生的諮詢與治療。醫生透過問診了解後，提及她有焦慮症的徵兆，醫生建議將活動全面停下來讓自己好好的休息。在治療休養了半年後，逐漸改善焦慮的情況，但在這段治療休養時間過後，她發現自己的另外一個存在已久的問題：容易被別人注視的眼光

引發不安全感，連帶產生自卑感。

　　為了不讓這些不安狀態繼續下去，也不想人生的下半場一直深陷焦慮泥沼中，她心想與其束手無策不如面對，於是開始參加公眾表達訓練社團學習，想讓自己至少在參加孩子的家長會、或是面對客戶時，不會感到害怕，也不要因為別人的注視顯得焦慮與恐慌。

　　在學習公眾表達的初期相當辛苦，每次上台都是伴隨著焦慮的煎熬，但是就算感到害怕，她也會要求自己努力再往前一步。學習過程中，遇到不少挑戰，第一次參加的大型比賽，就是民國 96 年中華民國健言社舉辦的全國「國語金口獎演講比賽」，這成為人生中一個重要的轉捩點。

　　當時她才只有幾個月的學習資歷，根本沒想過可以參加比賽，但最後仍在社友的鼓勵下報名；比賽當天一到會場，她看見參賽者中有多位是曾來社團上課的講師、總評老師、健言社社長，個個都有著非常豐富的經歷與穩健的實力，當下的緊張感倍增，為了平復自己的不安，她只能告訴自己：「反正本來也不會得獎，只要能順利的講完，順利的退場就好。」沒想到那一次，因為自己最後一刻放下得失心，反而能夠在比賽場上盡情的發揮，獲得了評審的好評，意外的以一個新人之姿得到當年度國語金口獎冠軍，這個獎盃對於她後來的人生有著很大的影響。

　　她因為取得國語金口獎冠軍的激勵，進而開始有機會接觸到奧瑞岡辯論比賽。在同年底第一次上場參加辯論比賽，當時因為不了解辯論的技巧，就以演講的角度去準備辯論比賽，結果在質詢時，竟然三

兩下就被對方問到啞口無言而狼狽下台。前半年才風風光光的拿到金口獎冠軍獎座，沒想到接下來的辯論比賽慘遭滑鐵盧，相當讓人挫敗。

為了再度突破自己，她開啟了奧瑞岡辯論的學習，將專注力放在組織辯士團隊、收集資料與練習賽當中，而且還在一年內，接受各大社團共 23 場的友誼賽邀約，累積賽場臨場經驗；透過密集的訓練及一場場備賽過程，漸漸忽略了焦慮症的症狀。因為上台會緊張已成為一個習慣、慢慢走到和它和平相處，也在不斷學習與探究的過程裡，找到適合自己並加以相融的方法。於是在第二年，她再次參加了奧瑞岡辯論年度賽，在與樹林健言社隊友的共同努力下，一路過關斬將，最後獲得當年度奧瑞岡辯論比賽冠軍。

在這前後兩年，接連獲得「國語金口獎」與「奧瑞岡辯論比賽」兩座冠軍獎盃，這已經徹底的改變了她的人生。從一個職場女性轉而成為公眾表達培訓講師。


## 學歷帶來二次轉機

課程的成功與獎項的累積，懿芬老師開始接到各大社團、組織及企業演講邀約，由於她是一個從比賽出身的老師，能夠深入了解大多上台者的狀態，所以初期主題大都以：克服恐懼、如何從容上台、公眾表達技巧為主，也因為前面自己走過了這一段路，有著深刻的經驗與經歷的過往，所以更能充份的發揮，與台下聽眾分享。

然而，有一次台灣某知名大學邀請她去上課，經過兩個多月的溝通談妥主題、時間、地點、內容……等等細節，一切都準備就緒，沒

想到就在上課前一週，邀課方提出需要講師的大學畢業證書。

　　懿芬老師回答對方：「我還沒有讀完大學（當時還在大學夜間進修部就讀），無法提供大學文憑資歷。」結果最後一刻對方告訴她，依照規定，授課老師的資歷不符，課程就無法繼續，必須取消。這件事對她帶來很大的衝擊，明明是對方主動來邀約課程，最後卻因一個與主題無關的原因而取消課程，令人相當錯愕。

　　由於早期家庭因素，無法支撐她上大學，而是必須盡早進入社會為薪水打拚。但是當職場、家庭、甚至講師生涯都開始步入軌道時，卻因為「沒有大學文憑」而被拒於門外──這個對於大學邀課單位來說如此基本的門檻，卻是從前的她再怎麼努力也沒機會獲得的資格。

　　這次事件發生後，更加強了她要積極努力完成學業。因為要兼顧小孩、上班、授課、還有學業，整個過程都在與時間賽跑，身心負荷也相當煎熬與辛苦，加上離開學校超過 30 年，很多新的課程及教學媒介都跟以前有很大的差異，學習倍感吃力，其他同學聽一遍就懂的內容，她可能得讓自己反覆理解很多遍才能跟上進度。

　　每天面對比自己小三十多歲的同學，對懿芬老師來說也帶來很多意想不到的震撼與學習，因為彼此是同學關係，平日溝通起來更直接；她提到，在大學有一門課程是 Photoshop 影像處理軟體，當時她第一次接觸這課程，對這項軟體操作實在陌生，課堂中老師在示範修改圖片時，她因為沒能跟上老師的節奏，而不停詢問旁邊的女同學，但熟悉電腦操作的同學被問煩了，語氣不耐煩的回她：「阿姨！我已經跟你講四次了耶！」，當下她又急又惱的回同學：「你回去問問你媽媽，

看她會不會 Photoshop ！」同學也意識到自己這樣說話很傷人，就放下手機，耐心的再示範一次。

當然，在後續的相處中，同學們缺課時，她也會提供課程筆記或考前幫忙同學們劃重點，遇到期中報告或是期末報告，不論是上台報告或是簡報製作，懿芬老師也會成為同組同學加分關鍵，就這樣不同世代的彼此，互相協助的完成她的大學及研究所學業。重回校園六年，讓她更有機會理解現在年輕人對不同事物的想法，見識年少輕狂無懼無畏的好奇心；這些都對她未來在設計課程時提供很大的幫助！

隨著在講師的路越走越遠，懿芬老師也越來越發覺除了課業，還有很多需要學習與歷練的地方。在 2013 年中國舉辦了兩岸三地第一屆「我是好講師」比賽，當時的她正回到學校讀書，除了授課之外，每天的課業也相當忙碌，但又覺得這是一個難能可貴的歷練機會，於是在期末考後，隔天一早匆匆飛到深圳參加這場盛事。

那一年共有 100 多位來自中國各省份及台灣的老師齊聚參賽，在高手雲集交流中，看見到不同區域、不同文化背景下講師的差異，經過激烈的比賽，懿芬老師從中脫穎而出，是賽程裡唯一拿到課程設計獎的講師；懿芬老師回憶說：「特別是在大賽閉幕的頒獎典禮上，聽到頒獎人宣佈：『得獎的是……來自台北的羅懿芬老師』，那一刻瞬間的驚訝、興奮與激動至今仍印象深刻」，因為不僅在異鄉為台灣爭光，也為自己的講師之路用力的推進一大步。

對於每一次的課程，懿芬老師總是小心翼翼的準備，針對課程主題、聽眾需求、邀課單位的目標、以及時下進步的科技，一次又一次

在電腦與書堆中渡過夜晚、面對太陽升起。她認為，準備永遠是不嫌多的。得到了課程設計獎，對她而言除了是認可，也是一份壓力與期待；為了要讓自己能更匹配上這個獎項，她一再去做更多延伸的學習，不論是邏輯思維課程、課程設計、培訓設計都積極參與，並努力取得多張國際版權課證照；也正因為這些不同資歷的累積，開啟她受邀擔任多屆廣播金鐘獎評審委員、以及連續八年擔任華人好講師比賽台灣賽區評審長。

賽翁失馬焉知非福，一次意外的取消課程，反而激發自己更堅持的學習動力，更勇於把自己放在激烈的賽場上歷練，也換來更多的被看見的成長機會！

## 數位移民，勇於面對科技的挑戰

在成為講師之前，懿芬老師甚至並不知道什麼叫做 Power Point（簡報軟體）。有一次在講師培訓時，要事先準備一份簡報，當時她對於電腦裡的文書軟體並不熟悉，於是還特地去買了一本書來鑽研學習，這也讓她後來對於做簡報特別的用心投入。簡報是上課時很重要的輔助工具，所以她花了很多時間與精力，讓它變成講台上的小助手。簡報對她來說，已經不是課程大綱提示，而是引導台下學員注意力的好工具，讓學員們對這堂課能更專注與投入。

日新月異的科技工具，對一位數位移民來講是極為不容易學習的，光是簡報製作，她就比同期的講師耗費了數倍的時間；更不用說科技光速發展之下，數位能力永遠跟不上新興教學科技的進步。回憶

起第一次坐在電腦前面對空白的簡報檔手足無措，到後來可以不需要詢問他人，就能順利完成一份簡報、甚至是直接將自己的簡報製作經驗轉化為課程，教導有同樣困難的學員，進而成為主要邀約課程項目之一。如何利用簡報輔助表達、成為講師授課的小助手，這個過程的不容易，大概是一般出生在數位時代的年輕人或熟悉使用電腦的人難以想像的。也因為自己是一步一步摸索、試錯、學習過來，更能以過來人的心情，理解學員過程中的痛點與盲點。

　　為了讓自己能夠熟悉更多生活中的數位科技，2016 年懿芬老師將手機從安卓系統更換成 iPhone7Plus，當時的系統轉換很多功能尚未成熟，所以資料移轉、操作介面及功能熟悉，磨合期拖了很久才適應。接下來她又買了 MacBook 筆記型電腦，先放下使用近十年以上的 Windows 系統，重新接觸不同的操作邏輯，這個決定也讓她花費大量時間「砍掉重練」，並且必須重新調整所有的課程簡報、影音轉檔等。

　　這個陣痛期雖然比她想像的更艱鉅，但經過軟硬體陸續轉換完成後，合併 iPhone、iPad、Mac 同步整合功能，也為她未來教學與學習上帶來很大的新鮮感與便利性。特別是在簡報教學上，可以讓各系統的學員都能快速切換到相對應的功能。其實，很多事情我們不願意改變，或是不想重新適應，從另一個角度來看，是否也是一種自我可能性的限制？

　　「老天爺沒有獨寵我，對於我不懂的設備與技術，我可以去學習控制處理，但是對於人是最難處理的，我無法去控制或是決定他人的

反應，我想我常會緊張焦慮，除了不夠自信外，另一原因是我沒有辦法確認，我能不能帶給他們想要的成果。因此，在受邀演講授課同時，我仍舊抱持著持續學習的態度，更用心的安排每場演講課程，期間也不斷的學習講師授課的技巧。一邊在前進，一邊在進修。除了如同海綿般地充實著自我，隨著一場又一場的課程，聽眾們的回饋也成為我逐漸累積自我的基石。」

此外，為了更明確了解台下學員，她也特地去學習 DISC 人格分析，透過 DISC 了解自己的優勢與可能的盲點，也藉此理解不同風格特質學員的內在需求，進而研究出能夠兼顧不同族群期待的課程設計與教學手法，這套人格分析課程也意外的引發了大家的興趣，日後也成為她的課程邀約項目之一。

懿芬老師給人的印象就是專注在每一件事情上，也專注在人生中的每一個當下的任務，這份專注力成為她最大的優勢。每次認真準備的經驗，為她的講師功力打下紮實的基礎。


## 準備高手，克服上台恐懼

從容易緊張到挺身參加各種比賽，以及參與培訓講師的過程中，懿芬老師讓自己鍛練成為一個在市場上資歷齊全的老師，所以她更能協助大家克服上台時的緊張與不安感。

她以自身經驗談到：「只有害怕的人，才會知道「怕」，有多可怕。因為知道害怕，所以會讓自己能不過於鬆懈，而更積極的去做好每一個準備。」

如果把講師分成三種高手等級來說明。

**第一種，專業的高手。** 因為是講師本身的專業，不需要高超的演講技巧，也不需要花大量時間結構化課程內容，就可以完整呈現自身的經驗與專業知識。

**第二種，表達的高手。** 只要給他一個主題，他就可以透過生動有渲染力的表達技巧，吸引台下、分享內容，完全是渾然天然。他不會怕，他跟「怕」交情很好，所以對於「怕」沒有什麼感覺。

**第三種，準備高手。** 有些東西是眼前看不到的，需要經過不斷的累積，才有可能看到成果，因此只要用心準備，就是超級準備高手。

懿芬老師就是屬於第三種。踏入講師之路初期，她並沒有特殊項目的專家身份，表達的技巧與自信也不足，靠的就是一場一場的準備與練習，她會認真的去準備每一件事情，準備接下來的每一項任務。在學習的過程中，因在大型賽場上連續獲得獎項，可能使得旁人覺得她是個厲害的人，但是她並不這麼的認為，因為她一直是以同樣認真的強度在準備著每一次上台；只有當自己願意去做好每一件事情時，才能不斷地去累積自己的每件能力。

她談起自己對準備的態度：「不知道我用『極致』這個字，會不會太誇張，因為我會把每個準備都做到極致。別人可能覺得不用做到這個樣子，但是我即使做到我想要的那個樣子，我仍會沒有安全感，所以會把每個準備，都做得比別的老師再多一點點，因而有了今天在台上的我。」

懿芬老師會將每一個準備的步驟都拆解得很精細，例如：什麼時

候該小組討論，什麼時候開始提問，大家通常會有什麼問題……等等。「準備」是沒有一個規範的，把每一個準備動作做好，比每個人能想到的準備再多做一步，就會讓自己減少一些狀況。當你能做到每個動作都像是反射動作般的反應，自然能夠順利的講下去。這些準備動作，都是她在早期時的訓練，但是這種制式的訓練，在課堂上會缺少一個東西，就是臨場的幽默，所以在課程上她需要提醒自己保持一定的彈性，讓自己隨時準備有不同話題的元素，努力使學員在課堂上內心是有共鳴的，這也讓他們可以更願意投入課程裡。

多年來上台的經歷，懿芬老師開始接受自己的「不完美」。也許這個課程設計包裝不是這麼好，但是她可以聽到自己更真誠的聲音；也許在台上自己的表情管理不夠好，笑容沒有那麼多，過去的她對於這些可能會很糾結，但是她現在的注意力是台下學員的笑容。

羅懿芬坦承道：「過去的我，在意自己的表現；現在的我，在意課堂上與學員開心交流與互動的當下。」

她表示：「如果自己沒有那段走過緊張焦慮的經歷，我的邏輯想法就會只是單向的，只會在意自己，只會在意課程設計得好不好。但是，我現在會去關注台下的學員，想知道大家有沒有聽懂，想了解大家有沒有收獲，學員們在學習中有沒有感到很喜悅。」而在與學員交流分享的過程中，就能知道課程安排得好不好。

在培訓的過程中，學員因為本身的職業、職務或是位階的不同，而對於課程內容會有不同的感受度。針對不同的授課族群，她會量身將某些元素放在課程裡。第一，因為這是學員需要的；第二，這個元

素可以讓學員們感受到，這是一個懂我的老師。當學員感受到這個老師懂我，這個老師知道我需要的是什麼，便願意打開自己的心門嘗試。

## 踏出舒適圈，打開新視野

人都容易在自己的認知裡尋找答案，也都在自己限制的框框裡找尋真相。我們常常把這稱之為舒適圈。舒適圈會讓你視野越來越小，漸漸地陷在一個狹小的世界觀裡無法逃脫。然而懿芬老師認為，限制的目的不是捆綁，是用來突破的。

離開舒適圈後，她遇到了從沒想過的各種新挑戰，會走上講師之路，雖然是意料之外，但也開啟了她人生第二條從未接觸過的道路。她印象最深刻的，就是在獲得國語金口獎冠軍第三年，接到一場演講邀約，因為之前她都是接社團的演講，所以在和聯絡人商談的過程中，她則老實告知：「如果聽眾人數過多，我擔心無法掌控住現場狀況。」

聯絡人請她別擔心，以往現場學生報名的人數是一百多人，預估實際會到場的人數大約最多只有八成左右。

她回憶道：「當天的演講我非常的投入，現場的氛圍以及與學員的互動也都非常熱絡。演講結束後，聯絡人過來謝謝她精彩的演講，還說著在開始演講不到十分鐘時，現場冷氣就跳電無法運轉，正逢炎熱的九月，但是全場竟沒有一個學生走出演講廳。」

最後，她問聯絡人現場到底有多少位聽眾，因為看起來演講廳裡滿滿都是人，甚至每個走道階梯也都坐滿了人，感覺不只一百人。聯

絡人這時才告訴她，現場爆滿，一共來了 384 位聽眾。這場人生中第一場的大型演講，在不知不覺中就開啟了，也成為她講師生涯一個很重要的轉捩點，因為這場演講的口碑很好，在這之後的每一年，都會接到從北到南不同區域大專生的演講或培訓的邀約，也開始受邀到各大企業培訓。

有時候人需要找到一個突破點，才能讓腳步踏出去，雖然踏出去第一步時，並不能保證就一定會馬上變得有多好，甚至過程中會遇到更多的挑戰，但至少不要讓自己繼續停在同一個地方，才有機會看到不同的視野，踏出了第一步，才有第二步，有了第二步，才會有第三步，以及接下來的每一步。

在 2011 年，懿芬老師在因緣際會下，加入聚集華人地區眾多優質講師的「中華華人講師聯盟」，與許多不同領域優質的老師一起交流學習。十多年來，她積極參與華盟每屆活動，勇於承擔各種職務，從會員、主委、理事、秘書長、副理事長、理事長；不同位置有不同視野，每個過程也都有不一樣的挑戰與學習，讓她從一位素人講師，一路循序漸進，2023 年成為中華華人講師聯盟十八年來的第一位女性理事長，也是華人地區最具影響力的講師社團領導人。懿芬老師希望透過華盟的平台，以及運用每位講師的影響力，在潛移默化中引導人們發光發熱，並帶動社會感恩的氛圍，讓人人生命充滿溫暖。

懿芬老師對於自己一路走來，她有感而發，自己的人生就像 3C 電子產品一樣，當呈現卡頓狀態的時候，就是該檢修更新的時候，回想起過去曾經被焦慮與自卑感捆綁的自己，或許反而應該感謝那個人

生中的「卡頓」，讓自己的人生能夠即時地按下了暫停鍵，停下腳步，重新檢視自己，甚至因此開啟了人生的突破口。

她因焦慮症而開啟了公眾表達學習、因參加比賽意外得獎走上講師之路、因學歷取消的演溝而重回校園、因不自信而鍛鍊成準備高手、因勇於承擔而成為講師社團領導人⋯⋯不斷發掘自我，並開始看到人生越來越多的可能性，也欣賞了生命中更多的美景。生命真是一個認識自己的探索之旅，當我們願意不斷的創造內在力量，自身光芒會引動與所有人的連結，產生正向流動，整個世界也相同受益。

推動 ESG 進行式
利人利己利天下

# Profile

吳佰鴻

# 講師簡介

　　艾美普訓練－首席講師，是廣受企業歡迎的名師，從事教學工作 20 年，教學人數超過十萬人，跑遍兩岸，幽默風趣又能精準抓到學員需求，千人訓練活動或一對一輔導，皆深受愛戴。

　　由企管實戰導入，結合美式教練指導技術，及行動學習模式，發展出獨樹一幟的高效影響力培訓系統，主要應用在高績效團隊建設與管理，團隊合作與領導力，人際溝通及激勵等方面諮詢與培訓，有 10 本著作。

　　2013 年號召 500 位各界企管顧問群成立台北市企管顧問工會，並被推舉為創會理事長，輔導兩岸企業並從事商務交流，不遺餘力。同時擔任華人賽事聯盟主席，每年都主辦華人好講師大賽，搭起大中華區各地講師群間的橋樑，已成為華人講師界的年度重要盛典。

　　2022 年號召 20 個公協會，成立 ESG 華人企業永續聯盟，開辦 ESG 永續管理師與碳管理師雙證照班，是最具代表性永續人才培訓平台，已為 500 間台灣企業培養 ESG 永續管理人才，與世界接軌。

## 台灣經歷

ESG 華人企業永續聯盟 主席
諾浩文創科技 董事長
艾美普訓練 共同創辦人
Stratford University IMBA
中華兩岸創業發展協進會 創會長
台灣優良精品廠商協進會 創會長
台灣線上數位學習協進會 創會長
台北市企管顧問職業工會 創會長

## 大陸經歷

上海賽界信息科技有限公司 董事長
中國我是好講師大賽 最佳演繹講師
中國金牌培訓師暨十大教導型企業家
海峽兩岸青年創新創業導師
中國職業網路主播培訓認證講師
中國企業首選培訓師

## 聯絡方式

☆ Facebook 粉絲專頁：永續企業顧問吳佰鴻
www.facebook.com/peterwutaiwan

☆ YouTube 頻道：吳佰鴻 Peter
www.youtube.com/@peterwu168

☆ IG：https://www.instagram.com/peterwu168/

蘇格拉底說：「想要改變世界，首先要改變的是自己。」能夠在社會上發光發熱，做出一番成就的人，內心總是懷抱著遠大的願景，並且腳踏實地去實踐這份願景。不僅如此，還需要時時刻刻讓自己不斷有所成長，掌握全球趨勢，學習更多「專業知識」，引導有志一同的人們一起前進。

身為艾美普國際教育機構總經理，也是中華華人講師聯盟一員的吳佰鴻，為社會盡一份心力，協助企業尋找適合的人才。他不只協同台北市企管顧問工會、企業管理顧問公司及二十個公協會，成立「ESG 華人企業永續聯盟」，並開辦「ESG 永續管理師＆碳管理師」雙證照課程，讓個人與企業不論在公益或收益都能獲利。

## 開辦 ESG 課程，發現新藍海

隨著聯合國在西元 2015 年通過 2030 永續發展議程，近年來，ESG 成為產官學界的議題。ESG 分別是指：E，Environmental（環境保護）；S，Social（社會責任）以及 G，Governance（公司治理）的縮寫，是評估企業的新型態。一間公司企業是否永續經營以及投資決策，ESG 成了新的數據和指標。

由於 ESG 是新興的趨勢，過去或許已有概念，但少有專門的人協助執行，有鑑如此，佰鴻老師決定自己培養人才。他不只是講師，他還舉辦兩岸大型的華人好講師大賽，從他手中培育出來的講師，不勝枚舉，在兩岸發光發熱者更不計其數。原本只是想協助自己的講師、顧問們能夠持續為業主服務，沒想到越來越多的人願意投入 ESG。

企業顧問要站 ESG 上，協助企業進行全面的改造，是需要非常多的面向，不僅要兼顧環境與員工，也要兼顧事業全面的發展，如此，企業才可以長長久久。於是許多企業顧問決定自我深造，切入 ESG 市場，用第三方的角度去輔導企業。

於是佰鴻老師自己開始研究當今在教授 ESG 的課程，何者對於這些想要自我進修的講師，以及企業體是有幫助的。只是，在尋求的過程中，他看到了一些盲點，不禁讓他深思一些問題。

ESG 是未來的趨勢，許多院校都有教學，佰鴻老師覺得學界的講師理論內容非常豐富，不管是資料、文獻都非常充足，美中不足的是缺乏實務經驗，這些理論必須要與企業能夠銜接，而能夠將產、學結合起來，還是只有業界講師較為熟稔。

　　此外,他也找了一些德高望重,在社經地位都十分有成就,也非常樂於分享的理事長,請他們來授課,這類的課程也是相當精彩。然而,這些課程之間沒有連貫性,這對已有概念,想要全盤學習的人來說仍是不足。佰鴻老師開始思索,對於真正想要研究 ESG 的人來說,必須有理論,也要能夠連貫,要有實際基礎,也要接地氣,他陷入膠著一段時間後,靈光乍現,他原本就是講師,何不為這些本來就對 ESG 有概念的企業顧問們,從不同的面向協助他們針對不同的產業,親自給予輔助?於是「永續管理師&碳管理師」雙證照課程因應而生。

　　在深入市場之後,佰鴻老師很快發現企業求才若渴,但 ESG 所需人才遠遠不夠,市面上這方面的人才,必須補充卻趕不上,於是佰鴻老師決定廣收對 ESG 課程有興趣的學員,以公益結合商業,再為企業提高價值,讓雙方均能獲得實際的收益。


## 墊高競爭門檻,拉開同業距離

　　在過去,較大型的企業都會提出社會責任報告書,金管會更是規定「自 2023 年開始,實收資本額達二十億元的上市櫃公司,編制和申報永續報告書,揭露公司所鑑別之經濟、環境及社會重大主題」,過去,從 CSR 報告書轉變成為 ESG 永續報告書,ESG 不再只是空泛的言論與議題,而是企業實際執行的事。

　　佰鴻老師認為 ESG 不只是口號、不只是行動,它更是一種態度!想要了解 ESG,先簡單從聯合國的永續發展提起,台灣雖然不是會員,也經常在聯合國相關會議上出席。

2015 年，聯合國宣布了「2030 永續發展目標」（Sustainable Development Goals, SDGs），SDGs 包含 17 項核心目標，其中包含終結貧窮，消除飢餓，健康福祉……等等，可以說是早期ESG的概念。隨著時代進步、世界的局勢變遷，這 17 項目標除了促進國家繁榮興盛，也延伸到企業，企業成長不只進行業務寬度，更增加深度文化與長度生命。於此，佰鴻老師認為當一間企業完成 ESG，而且在其產業做領頭羊，不論是社會企業形象的建立，同時也是守護環境。率先進行的企業不只和其他公司拉開距離，成為典範，企業也會有好的發展。

## 企業範例

**01** **台積電**，在製作晶圓時，除了需要有高科技，還有很重要的一點，就是在製作完成之前，要用到大量的水，而這些使用過後的水成為含有金屬的廢水，不僅人們無法利用，甚至不能回到環境當中，對於生物、土壤，都非常不友善，而這些廢水用量非常龐大。痛定思痛之後，台積電在董事們的同意下，花了五百億開發「全物理壓濾之晶背研磨廢水再生技術」，不只化學藥劑零添加，大幅降低排碳，又將這門技術模組化，不只解決了自己的問題，還能幫助有同樣困擾的科技公司，獲得新收益。

**02** **大同公司**，非常老牌的近年來轉型為綠能事業，他們開始做太陽能的運營商，目前為止，已經是全台最大太陽能維運商。大同公司為全部的工廠換掉電線電纜，費用高達五千萬，從整體來看，這筆費用是額外支出，沒想到換完之後，每個月都省掉六百六十萬的電費，不到一年，全部回收。因為舊的電線、電纜老舊比較耗電，新的電線電纜比較節能。大同將這兩個 knowhow 結合，成立子公司，輔導別的公司省電及節能，成功進行轉型。

**03**　**台泥**，為了進行改變，花了很多技術，將兩千度的水泥窯提高到四千度，成功產生變化，不只大幅減少碳排，它也開始轉型，成為全臺灣最大投資綠電產業最多元的公司，而台泥在製作水泥的過程中，所產生的二氧化碳，就提供給需要二氧化碳的綠藻使用，現在還有台泥健康食品，進入食品界。

**04**　**雲品**，也是個很好的案例，在疫情那幾年，服務業相當辛苦，早就在 2016 年，他們的董事會就通過「永續發展實務守則」，在人與環境上非常積極投入，不管顧客或是自己的員工，包括附近的小農，整個企業真正落實減碳，對於企業形象提升是非常有幫助的。

　　以往為了股東權益最大化，壓低成本，所連帶的許多反應其實是比較過時的觀念，想要兼顧經濟發展、股東權益，還不能夠犧牲員工福利，全部都要兼顧，不可否認，難度比較高，佰鴻老師感慨的說：「用過去的方法，去走新的路；在錯的地方，想要找到對的答案，抱著這種心態的企業只會越來越辛苦。這也是我想要全力協助企業的原因。」

## 溫室氣體統一單位，二氧化碳當量 CO2e

　　人們對 ESG 粗淺的認識可能就只有「減碳」，然而不只如此，因為減碳有數據化，比較好量化，S 跟 G 比較難量化。佰鴻老師服務的對象是企業，他認為，對一間想要永續經營的企業來說，S 跟 G 其實更重要。

　　的確，排碳在企業與外交上不可忽略，以 S 跟 G 來說，在服務業其實是亮點與賣點。而這一切，都要從「減碳」開始說起來。佰鴻

老師粗淺的談論環境這些年的狀況，然而真實狀況可能有過之而無不及，像是地球暖化，珊瑚礁白化嚴重影響海洋，冰山大幅融化，每天都有七十五種物種正在滅絕。北極熊不再像北極熊，看到牠憔悴的模樣令人心疼。這些聽起來很遙遠，但事實上，跟我們每個人都息息相關，須知，冰山大幅融化，海平面上升，若是真的全融化，嚴重影響全體人類生存模式。

此外，印度洪災、巴基斯坦雨勢滂沱，而另外一邊，沒有雨水，連農作物都無法種植的馬達加斯加，他們沒有工業，並不會造成污染，但卻因為受到全球環境異常的關係，他們變成一個氣候變遷的受害者。臺灣的邦交國土瓦魯也以戲謔的話語，吐出沉痛的心聲，受到氣候變遷的影響，導致國家快要消失。

這不是神話，也不是小說，而是真真切切正在發生的事。氣候如此異常，怎麼不讓人們心生警惕？

人類與地球是一體的，地球母親一直在滋養萬物生長，但是隨著人類無止境地開發，已經在地球劃下難以平復的傷口，所以該如何為地球盡一點心力，其實是每個人都應該關心的事情。當大家理解現在所從事的行為對地球的影響，自覺性高的人或企業就會開始改變，因為觀念通了，就會決定行為。

其中就以二氧化碳來說，其實是專家學者將七種溫室氣體全都換算成同種單位，而這個統一的單位重要名詞就是「二氧化碳當量」，英文為 $CO_2e$，當我們在講減碳，就是在講減少二氧化碳，因為一旦超量排放就會對地球氣候產生嚴重影響，如全球暖化、極端氣候、生

態環境變遷等等，都將影響人類生存。為此，全球已經將「減碳」定為共同努力的目標。只要二氧化碳減少，它背後的溫室氣體，也會根據不同處置方法而減少。

過去，一間工廠的產品做完之後，準備外銷到歐洲，會需要課關稅，現在一種新的關稅就是「碳關稅」，所設的碳關稅即指你這些產品當初在製造的過程或送到消費者手中所使用的方式，或是消耗它的時候，會產生多少碳？以企業來說，如果它的產品對地球所排出的碳有三百噸，舉例一噸課稅三百美金，換算下來就是九萬美金，如果想辦法減碳，最後只剩三十噸碳，這招「以價制量」的方式不僅友善環境，也減少課金，同時企業形象也大幅提升。

碳盤查有公式的，但也很麻煩，企業可以找會計事務所幫忙做碳盤查研究報告書，金額非常高，如果由企管顧問撰寫也是一筆費用，如果公司有這類的人才，為公司進行碳盤查，雖然時間會花很久，畢竟這事不是短時間就可以完成，但由這方面的人才來為公司 ESG，是公司、員工及環境均受益。而吳佰鴻現在所從事的，就是為企業培養永續管理師及碳管理師雙人才。

數據是最為真切的，截至目前為止，真正完成永續報告的上市櫃公司，只有二百八十七家，還有一千多家都沒有完成。不是這些公司不肯做，而是人才的數量不夠。就算指派自己的員工去做，員工一來沒這部份的專業，二來，還有自己的工作。他建議，不論是在公司還是在企業，至少要有一、兩個專門的人員從事這部份最佳。

佰鴻老師接觸不少公司，他認為減碳不是讓公司停止營運，而是

在過程的當中，減少排碳，進行固碳，當一加一等於零的時候，碳排沒有增加，就是目前世界最大的希望。

## 解決問題，新方法成為「金雞母」

ESG 包含的層面可以很大，也可以很小，從企業到個人、政府單位到民間，都是值得推廣。在這個全球的趨勢下，人才若渴，也隱藏新商機，培育永續人才，既能夠輔導人們培養能力，又是做公益，非常值得積極推廣。佰鴻老師在之前，就已經聞出先機。他表示，一般會認為對企業來說，進行公益勞心又勞財，增添成本，但他提出不同的觀點，公益也可以賺到錢。以台積電的例子來說，五百億開發的「全物理壓濾之晶背研磨廢水再生技術」，不僅友善環境，還獲得其他間科技公司的興趣，台達電也是如此。

曾經有一位工程師潛水的時候，發現白化的珊瑚礁，這對這位工程師來說，是有點受到衝擊，他向公司建議是否能夠拯救珊瑚礁？公司也同意技術研發，最後不只拯救珊瑚礁，保育海洋，台灣的研究還拿到聯合國發表，獲得非常多國家的讚賞。

之前友達光電龍潭廠在排放廢水時，造成霄裡溪汙染，被居民圍堵，新竹和桃園兩個縣長也加入了戰爭，長痛不如短痛，董事會通過花了十一億的預算，研發廢水處理系統，四、五道的過濾工法，最後將污染變成一點粉末，這些就很好處理了。結合 knowhow，友達又成立子公司販售技術，而這項技術又成了友達的金雞母。

還沒有進行 ESG 永續經營的公司很多，目前已經開始，並頗有

成就的也不少，這些企業在他們的產業都具有不同的影響力，因此，佰鴻老師也帶領學員參訪台灣各企業，進行實地考察體驗。例如：ESG 華人企業永續聯盟全力支持的「家樂福食物轉型計畫」：家樂福在平常的觀念裡，它是量販店，裡頭有許多的產品，換算排碳量是很可觀的，但家樂福也在進行轉型，目前家樂福有 Impact 影響力概念店，雖然不多，但已經在進行。家樂福希望利用通路的力量，讓廠商找到 ESG 創業模式。台灣的家樂福非常特別，因為在台灣是有 ESG 永續長，法國並沒有，連日本的家樂福都飛到臺灣進行考察，足見臺灣在 ESG 的用力。

佰鴻老師表示，他從來不否認台灣工廠對環境的影響，但是要想辦法拉開距離，墊高門檻，提升企業高度與地位，這是目前的企業最需要的思維。利人利己利天下，當有所突破、有所轉型，企業就能找到新的領域。

台灣有缺點，也有優點，佰鴻老師不否認臺灣人口多，地方小，污染嚴重，在地球上來看，台灣不過是蕞爾之地，但台灣的許多技術卻獲得許多國家的肯定，在發達的科技之下，以自己的資源解決問題，而這些解決問題的方式就可以外銷，是很強的優勢。

佰鴻老師認為，不要覺得只有國外的大企業，像是 Apple、Google、Nike 才在做，國內的企業也要覺醒，而現在更重要的是，就算許多企業已經理解 ESG，但有沒有這方面的人才，則是社會所需。為此，他的課程從第一期到現在，每期都有不少的學員加入，除了原本的企業顧問，還有來自各行各業對 ESG 充滿熱忱的人。當他們盡力所學，或為自己的本業，或為地球的永續問題，都是共好的局面。

## 從手心向上到向下，協助企業與國際接軌

用不同的思維來看人與環境，佰鴻老師認為企業盈利與公益並不衝突，在永續發展之下延伸的商機，更是為佰鴻老師所重。他強調，ESG 是個新的賽道，誰能在這個賽道上奪得先機，就有新的競爭能力，如果沒有跟上，就會變成他人制定產業的規則，未來只能順著大家的遊戲規則。

他所創的 ESG 永續管理師及 ESG 碳管理師的課程，每一期都有優秀的人才在培訓之後，回饋良好意見，讓他更明白自己的理念是對的。身受多家企業愛戴的企業顧問，佰鴻老師多次舉辦企業參訪，如年代集團、佐臻公司、新呈工業……等等。受邀到不同產業的公司行號，佰鴻老師更是覺得，直接與企業接觸，和他們對談，才知道他們的需要與不足，在開授課程時，才能更具體的規劃。

擁有國際企管碩士學位的他，自大學時代，就擔任企管顧問公司培訓師，教學經驗長達二十年。精通企業管理，熟知企業經營成功準則，輔導百餘大企業，他明白企業的心理，也懂得企業在盈利及公益的心態。由此出發，ESG 永續管理師及 ESG 碳管理師的課程更能夠符合企業的需求。

佰鴻老師講師的名聲不只在企業界為人所知，也有日本宣傳 ESG 跟未來的創業的理事長來台灣找他交流，希望共同合作，他也經常跟政府單位合作，如內政部主動邀約，希望他去分享永續分類經濟活動，導入健康室內環境，連佰鴻老師都想像不到的國內政府單位，如林業署（原農委會林務局）也是邀請佰鴻老師講師能夠過去輔導，這更讓

佰鴻老師肯定「利人利己利天下」的理念。再更簡單點來說，就是你好、我好、他也好。

　　佰鴻老師自謙，他原本只是一個手心向上的人，沒想到因為 ESG，竟然可以手心向下，成為能夠給予的人，這讓他非常開心。他常常在他的能力範圍內，跟大家分享他的心得與成就。企業的管理不易，身為企業顧問，始終要走在企業前端，了解國際局勢、整體脈動，必須知道大大小小的事。過去，當各家顧問公司接到許多跟 ESG 相關的案子，他就已經明白這條路必須要繼續往前走。

　　他開心的表示，自 2022 年開辦「永續管理師」證照班，現今也與矽谷的圖靈證書合作，之後，永續管理師的證書在區塊鏈上都可以驗證。臺灣是世界科技工業的龍頭，不管是關稅或是人員，發展 ESG 是全民的共同目標，政府也很認同。因此不只企業，個人也可以進行 ESG，雖然從名詞上來看，它是公司企業是否永續經營以及投資決策，但它所包含的精神，卻是每個人都可以落實。它不只是名詞、形容詞，也是動詞。永續的目標也不是由上往下要求，而是大家一起有所共識。

　　為企業服務這麼多年，在時代的變遷中，佰鴻老師不斷挑戰新思維，他深信，當 ESG 的精神徹底落實到每個人身上時，對環境的幫助其實是更大的。至今，佰鴻老師協同二十家管理顧問公司所成立的 ESG 華人企業永續聯盟，目標就是要幫臺灣培養永續的人才，協助企業與國際接軌。

　　對於 ESG，佰鴻老師自身也不餘遺力，他表示，改變自己的一點小小習慣，例如從喝拿鐵改喝美式，其碳排量就有所不同。減碳、

固碳，其實也是一個小小的動作，人類面臨的浩劫越來越嚴峻，他相信，每個人的一點改變，累積起來，就足以對環境達到很大改變。

此外，兩岸也攜手推動 ESG 永續理念，以提高企業未來競爭力。華人企業永續聯盟，特別攜手蘇州市工程師學會、蘇州圈時代產業集團、水滴半島、昆山市台灣同胞投資企業協會知改數轉賦能中心、台灣區電機電子工業同業公會、昆山眾達智聯數字科技、精采匯採購與供應鏈服務平台、蘇州技參軟件系統技術有限公司，以及蘇州慧創格局教育科技有限公司，分別在蘇州中新生態大廈和昆山昆如意科創中心舉辦「踐行 ESG 理念、構建 ESG 管理體系」的 ESG 專家課程。由聯盟總監黃清暉前往分享，吸引許多關心 ESG 議題的大、小企業主前來參加，現場氣氛十分熱絡。這也是兩岸攜手推動 ESG 的第一步。還有眾多來自馬來西亞及泰國各國的邀約，聯盟的 ESG 雙證照成為亞洲公認首屈一指的國際證照更是指日可待！

此外，全台第一個 ESG 和 USR 永續整合平台「ESG 遠見共好圈」，隆重成立，邀請全台近七十家企業、大學會員，及產官學研各界代表共超過二百位意見領袖共襄盛舉。遠見暨天下文化事業創辦人高希均在開幕致詞時表示，八十年代成立「天下文化」與「遠見雜誌」時，目的是希望可以推動社會進步觀念。在過去四十年時間持續善盡知識份子的社會責任，不間斷地傳播新知，讓社會變得更加美好。

已經落地舉辦永續相關課程的 ESG 華人企業永續聯盟也在此次活動受邀的單位。聯盟秘書長邱宸凱開心地表示，除了過去一年的努力有被看見之外，在北、高舉辦十期的課程確實也是很大的學習與成長。從一開始學員的半信半疑，到結訓之後把課程所學到的東西帶回

職場，漸漸開始產生連鎖反應，課程的口碑也開始逐漸傳開，這代表ESG 已慢慢成為全民共識。

身為聯盟主席，佰鴻老師更表示，一個觀念要深根，教育是最重要的事，同時也是最困難的事。舉辦課程只是一種手段和一個過程，最重要的是透過教育鏈結成為一個平台，讓學員和學員之間能更有效地串連，最終達到你的加我的等於更好的結果。這樣的理念和遠見的「共好圈」不謀而合。只要持續努力不懈，相信在不久的將來這股力量必定會越來越大，影響力將更無遠弗屆。

佰鴻老師指出，ESG 涵蓋的範圍太廣，多數人在面臨 ESG 猶如「盲人摸象」，資訊過於片面且不完整，故課程所邀請專家和博士不僅具有產學背景，專業知識和實務經驗都十分豐富；善於整理資訊且每期內容都會根據最新法規做更新，讓所有參與學員都能在最短時間掌握 ESG 的樣貌，獲得最多的知識點。學員結訓之後對於課程內容都十分滿意形成良好口碑，這也是報名人數能屢創新高的關鍵原因。他表示，坊間其他 ESG 相關都非常值得參與和學習，唯獨上完課之後無法提供後續的連結和服務。因此華人企業永續聯盟提供結訓學員無限次「免費」複訓的服務，真正落實課程「永續」，儘管成本會有所增加，讓學員有物超所值，並且能夠讓南北的學員互相串連、交流，才能達到「ESG 共好圈」的最終目的。

**ESG 華人企業永續聯盟**

**官網：http://www.esg99.org.tw**

**講師筆記**

# 政府企業共同邁進，2050 淨零排放

ESG 不只是企業的進行式，政府也很重視。在碳關稅上，政府也很緊張，怎麼說呢？須知，台灣出口導向的企業所產生的 GDP，佔了全臺灣的 57%，近乎六成。萬一這些企業不能外銷，對台灣的經濟影響是很大，所以政府也高度重視。即便我們不是聯合國的會員，在減碳上也是不遺餘力。為了台灣的經濟也好，環境也好，減碳是每個人都能夠做到的事。

2023 年 1 月 10 日，立法院三讀通過「氣候變遷因應法」，台灣在 2050 年溫室氣體排放量降為零，所有被列入的行業都有碳盤查的迫切需要，產業相當廣，半導體業、半導體業、化學材料製造業、紡織業、金屬基本工業……還有許多行業。行政院成立國家永續發展委員會，由行政院院長來當主任委員負責指揮大家，衛福部、經濟部、國發部全都動員。

企業如果能夠自我改善，值得稱許，對於一時沒有能力改善排碳行為的中小企業，政府提供實際方式，給予專人輔導及補助。倘若一間企業的中上游廠商，因為沒有做到排碳，而影響到它，對於這間企業是有損失的，所以許多的企業也會互相扶持，創立「共好」的模式。除了硬體設施，員工福利也包含其中。從已經有概念，並具達到永續經營的大型企業來看，以員工為出發，關心他們，如此，員工會更能認同公司的理念，這對永續也是也很幫助的，因此永續不只是友善環境，更是一個正向的循環。

政府對於 ESG 非常重視，ESG 的面向又非常廣，一個企業唯有面面俱到，才能夠長長久久。重點是，身為企業家、身為中小型企業老闆的你，是否已經跟上這個腳步？是否看到 ESG 對於自身的影響？即便不談環境議題這麼大的議題，這跟企業是否生存也是息息相關。

# 用激勵相伴
## 活出喜悅與光彩

# Profile

## 謝聰評

# 講師簡介

## 學歷
1980 年專科學校 台北工專機械工程汽車畢業
個人成長培訓、卡內基人際關係培訓、
金克拉大師銷售激勵培訓、NLP 神經語言學培訓
馬修史維催眠式銷售培訓
Money&You 及企業家(BSE)商學院培訓
企業經營管理培訓、經營管理顧問師培訓

## 經歷
1959 年出生
1982 ～ 1993 中式餐飲十年
1994 ～ 2007 個人及組織團隊成長顧問十三年
2007 ～ 2018 專注於 BNI 國際商務引薦平台
2018 年四月一日起 BNI 臺灣負責董事

## 願景
帶領全台灣 BNI 會員伙伴改變做生意的方式
台灣成為全世界加盟區的示範模仿學習標竿

## BNI 傑出事蹟
一、2015/1 月　獲得 BNI 全球加盟區第一名殊榮
二、2016/1 月　獲得 BNI 全球個別加盟區
　　　　　　　千人區域全球不到 30 個
三、2018/4 月　獲得 BNI 全臺灣總負責 N D 職位
　　　　　　　（臺灣會員人數 3000 位）
四、2023/2 月底　BNI 臺灣會員人數 由 2018/3000 位
　　　　　　　　至今已超過 8000 位

## 聯絡方式
信箱：Smart.shiesh@msa.hinet.net

這世界沒有絕對的光明與黑暗，有陽光的地方就有陰影，同時看見陰影也正因為處在陽光下。當自己充滿感恩，自然能夠從中成長，這就是甜美的收穫。如果我們在收穫之時，可以再分享給別人，那麼每個人的生命都能因為一顆善意的種子發芽而改變，感恩會將善念滋養成大樹，每個人將因此擁有付出與幫助別人的力量。

謝聰評身為 BNI 台灣區國家董事，連結各產業人才，他以「輕盈」的態度面對生命的經歷，對工作和人生產生源源不絕的「熱情」，當遭遇困境或是碰到阻礙時，從中轉化，成為全新的力量，在任何時刻都能更有智慧的面對與處理。

## 你不是失敗，只是還沒有成功

當一個人願意為了讓更多人一起成長，努力精益求精、不斷提升自我，這態度不只令人動容，也是執行力的展現。多年來堅持於培訓教育領域的聰評老師就是這樣一個人。

1994 年聰評老師參與學習美國激勵大師吉格 · 金克拉（Zig Ziglar）邁向巔峰課程，受到吉格 · 金克拉先生名言：「幫助別人實現夢想，也讓自己美夢成真。」的影響與啟蒙，他從中式餐飲業轉換跑道，決心跨入培訓教育領域，擔任個人成長顧問，經歷長達十多年經驗。

他的公司名稱為「富貴道生活事業」，其意涵就是「帶領一群人走一條富貴的道路」，希望藉由培訓教育，繼續發揚吉格 · 金克拉先生「助人自助」的理念。

吉格 · 金克拉不只是激勵大師也是訓練大師，他非常會說故事，分享過許多膾炙人心的故事。他曾談到有關「成功」的特質有什麼？其中不外乎：堅持、愛心、人際關係、專業……等，而這些特質大多是屬於 A（Attitude 態度），而非 S（Skill 技巧）。因此，他下了一個註解：「成功 99.99% 都是態度，只有一點點是純技巧，但是有時候技巧也是一種態度。」

延伸到潛能培訓計畫裡，吉格 · 金克拉提到：「成功 100% 是態度」，100% 的態度就能延伸出無限的技巧，有著正確的態度，對於邁向成功的道路是很重要的。

大多數的人都以結果來評斷成功或失敗，然而，聰評老師認為，

在潛能培訓裡，不以「失敗」來定論，因為所有的事情只是還沒有「成功」而已，這是很關鍵的思維。正向思維讓人趨近成功，所以擁有正確的思維很重要。如果你的思維不對，就會一直在一個負面的迴圈。

一個人之所以會成功，就是因為在思維上沒有負面的、消極的，只有正向的、積極的，所以不是失敗，只是還沒有成功，我們都還是在往成功的道路上，只要再接再厲繼續前進，終有邁向成功的一天。在路途中，也許會有方向不對，但是天下沒有白白浪費的經驗，我們要關注的是在這整個成功的道路上前進的方向，還有行動的能量。

我們不能改變生命的軌道，我們只能改變對它的心態，因此，面對一切，別老記住消極和悲傷的事情，安然接受一切現況，並用積極的心態，從好的方向去看每一件事情，擁有積極樂觀的心態，就有機會改變整個世界。

凡事只要積極思考，人們心中所能想像和堅信的任何事物，均可能實現。


## 激勵自己，向成功人士請益

在聰評老師的言談舉止中，我們可以感受到一股正向思維的力量。他長年於培訓教育裡擔任個人成長顧問，主要推動個人的提升，輔助個人的發展，協助個人釐清自己的特質，幫助了解個人的優勢與方向，協助對方持續的成長與發展等。

在多年的培訓領域中，他發現人只要一訂下一個明確目標，並且

聚焦在目標上，就能夠清楚知道自己該做什麼，並且把事情做好。所以，立下願景之外，也要在人生每個階段設立目標，一步一步地讓自己在達成目標的過程當中，逐步精進並提升自我。

當然，在達到目標的過程當中，遇到挫折和挑戰在所難免，所以，以正向態度看待挫折和挑戰，思考這其中可以帶來的啟發，同時在事情告一段落之後不斷反省與檢討自己，尋求精益求精的可能性。

在實現目標的道路上，也許會遇到一些讓人感到氣餒的事。這時候，適時激勵自己便顯得相當重要，不斷檢視自己完成的事、看待好的那一面，以及自己達到的成就來激勵自己，同時，感恩自己遇到的貴人以及境遇，並且懷抱這份感恩之心回饋社會，達成目標以至於願景的速度會更快。

談到「如何激勵學員」，吉格 • 金克拉有以下的定義：

**第一種是「恐嚇式的激勵」**，就是透過一些負面資訊。比如有些保健食品會提到罹患癌症百分比提高，民眾看了之後可能會因為害怕癌症，而開始想要攝取這些保健食品，這是利用人們恐懼的心理，所以是「恐嚇式的激勵」。

**第二種是「誘因式的激勵」**，提供一些誘因來吸引你。比如減重十公斤，就可以抽黃金一兩，或是其他的利益鼓勵和獎勵，這就是「誘因式的激勵」。

**第三種是「成長式的激勵」**，吉格 • 金克拉先生為什麼會把「成長式的激勵」提出來，因為他認為「成長」本身就是一種「激勵」。

　　聰評老師本身就是「成長式的激勵」受益者，在培育領域也是一個典範，處在培育產業裡，持續學習跟成長，不斷帶動大家前進。

　　大多數人的問題就是只會空想而不行動，只要能開始執行想法，就比較容易成功。聰評老師從台北工業專科學校畢業後，在哥哥的中式餐廳裡待了八年，覺得在這裡不能實現他的夢想，也不能完成他的目標。很多人下定決心後，卻沒有實際行動，但是他卻下定決心離開中式餐飲業。

　　儘管離開之後發現自己沒有什麼專長，於是嘗試了非常多的行業，一年換二十四個老闆已是常態。當時，不停的更換工作，一直無法找到穩定的工作，自己也找不到方向與目標。但是他有一顆積極學習的心，直到接觸到培訓教育領域，才慢慢的找到自己可以安身立命的地方。

　　為什麼聰評老師會想從事培訓教育領域？在省思後他發現自己有一個特質，就是喜歡聽課，也喜歡與人做分享。他發覺經由良性的互動，可以得到教學相長的最佳效果，於是他朝著這方向開始去落實。做自己喜歡做的事，並把它做到最好，然後去幫助別人，看著別人成長，自己也跟著成長，可以帶動更多人的成長，建立出一個互相學習、互相教導，與持續提升的良好環境，這也讓他奠定後續從事培訓教育事業的基石。

　　我們常說一個人要有「同理心」才能感同身受別人的想法和需求。比起從字面上去理解其意義，真正去實踐「發揮同理心」更為重要。以聰評老師自己為例，在經歷了眾多行業，終於找到可以發揮願

景的產業，因此他也樂於分享他的生命經驗。他認為有關於成功，最主要的是要跟成功的人們學習。所以遇到困難時，他會跟成功人士請益：「通常遇到這種困難時會怎麼去解決？」經由收集這些人的建議，轉化他的思維來突破困境。

## 行動的能量，帶來無限的力量

在培訓教育的過程中，聰評老師經常提醒學員們「不要增加知識的重量，而要增加行動的能量。」

大部份人在學習的時候，很容易犯到一個毛病，包括他在過去的十年的時間都有這個狀況。那時候在學習成長時，都是在增加知識的重量，總是覺得這個學習得不夠，那個學習得不足，造成自己的內心非常的恐慌。其實恐慌會造成自己在成功的道路上產生更大的阻礙。

「行動的能量」，就是「去做」，發揮行動力，然後做出自己最擅長的部份。我們要做一件事，去解決所有的事，只要專注做好一件事，就會解決所有的事。做好一件事的態度，就是做好所有事的態度，這些都是可以互相輝映的，唯有落實行動，才能啟動能量去創造出這個好的結果。

他也發現在制訂企劃與策略上，很多人會抱持非常樂觀的想法，然後忽略現實的狀況，於是在行動時便會變得不切實際。所以，在清楚自己的願景之下，擬定企劃與策略要考量到現實狀況，並且要做到「確實可行」，也就是可以量化的標準，如此一來，就能夠一步步地實踐自己的願景。

　　我們常常認為外在環境的挑戰和現實生活的壓力，已經把生活壓得喘不過氣來，所以，還談什麼學習與夢想？但是，其實無論外在環境如何變動，最重要的其實是我們的內在如何調適。當我們對於每一件自己打從內心想做的事，擁有無比的熱誠和正面的態度，那麼，其實不管做什麼樣的選擇，都能做到「無入而不自得」。

## 內心平靜，外境平安

　　聰評老師在一路學習的過程中，除了實體課程學習之外，也閱讀大量書籍來增加知識，從中學習解決問題的方式。凡事保有「感恩」、「知足」、「善解」、「包容」的四顆心，當遇到事情時學習著「面對它」、「接受它」、「處理它」、「放下它」，運用這四個原則來安置內心，這些都是宗教上有名的大師開示解決問題的方式。

　　聰評老師曾閱讀過一本書《王鳳儀言行錄》，內容敘述的是王鳳儀（王善人）對自己生平的回憶。王鳳儀是一位農家子弟，從未曾上學念書，因為自己修行而開悟，一生中致力於講道、辦學、推行慈善事業，書裡的思維想法讓他受益良多，體悟到一個人如果能夠改毛病、去脾氣，人生就能擁有平和的好狀態。

　　聰評老師回憶有一次去拜訪客戶，當時正下著大雨，他才將車子停好，下車時一輛計程車飛快地駛過，飛濺起來的水花讓他身上的西裝衣褲全都濕透。一般人遇到這種情況，嘴裡一定是冒出不好的言語。然而，他的客戶就在前面等待，當下的他很平靜，他發現內心有這個平靜的感覺時，後面的事情自然就會順利。果不其然，他後來跟客戶

業務的接洽也就圓滿的達成。這讓他深深得到體悟，之後遇到任何事情時，都會記起這一幕，讓他的內心保持穩定平靜，提醒著自己不要受到外在環境的影響。

脾氣毛病是輪迴根，人最大的輪迴就是脾氣，有時候很開心，有時候又會因為一件事情而憤怒，有時候好像處於人間天堂，有時候又像落入痛苦地獄，如果我們能將這些情緒層面問題處理好，那麼經歷的人生就會較為平順。他的人生一路順遂，就是因為找到一個要訣：叫做「人生兩件事」。第一件，叫「心情」，第二件，叫「事情」。心情處理好，事情處理好，就沒事了。很多時候，還是能看到許多人很容易受到情緒的影響，如果人們能夠不要那麼容易的受到情緒的困擾，那麼就會在一個幸福的人生道路上了。

他也勉勵大家：

**人生的發展，從做好更好的自己開始。**

**商務的發展，從建立好人脈鏈接資源開始。**

**與人為善，從隨順因緣到真誠的付出。**

**心存感恩，存好心，說好話，做好事。**

**廣結善緣，天天開心大肚能容圓滿緣。**

由於聰評老師一直在做的都是「服務人」的產業，但因為性別、年齡、專業能力、宗教信仰這些的不同，會讓每個人有不同的想法。有些人容易帶有負面的情緒，可能不會受到社團夥伴們的歡迎，自己的情緒自己要懂得處理，處理好情緒，才能處理好事情，不要讓情緒

的層面，影響到現有進行的事情，減少負面的宣傳，傳遞正向的能量，這些都是他工作日常需要面對的事項。

這三年來 COVID-19 疫情的轉變，讓很多人都面臨到很大的打擊，尤其是在健康方面，有人失去健康，有人失去生命，經歷過這一場全球性疫情後，讓每個人開始有對生命的省思。人生充滿變化，尤其這些突如其來的意外都不是人們能夠掌控的，我們能做的只有保持平常心去面對。佛家說：「這不是常態」，不是常態，就是一種常態，也就是「生命無常」。無常就是常，生命是無常的，無常就是一種常態，「生命無常，無常是常」，所以面對生命的變化，我們要去適應這種「無常」的狀態。

邱吉爾說：「永遠不要浪費一場好危機」，這句話也能套用在這三年 COVID-19 疫情上。在遇到一些災難挑戰時，往往是一個能夠讓自己快速提升的機會，處於逆境時要力爭上游，將危機變換為機會，時時掌握住向上成長學習的機會。聰評老師鼓勵大家面對這些無常的變化，要用平常心去面對，才不會因為外在的動盪，而影響到日常進行的生活。

## 合作取代競爭，強大的商務能量

BNI 是一家全球性的商業網絡組織，位於全球的數千個區域裡，每週會員夥伴與其他值得信賴的商業夥伴會面，來建立與培養長期有意義的合作關係，並產生合格的商務引薦。

2006 年聰評老師接觸 BNI，在其中感受到互助合作的強大力量，

因而致力推廣 BNI 這個系統平台，來發散出更多的正面向上的能量。他擔任台北市北區與南區兩大區域執行董事，希望透過此組織，改變全世界企業家們做生意的方式，一同共創興盛繁榮。

2018 年 4 月起接任 BNI 台灣區國家董事後，台灣 BNI 會員從當時的 3000 位發展到現在 8500 位，五年來能有這麼快速的成長，主要是因為他本著初心，有著一顆想要幫助別人的心。

聰評老師提到有一年 BNI 香港年會時，遇到一位分會負責人對他表示：「現在分會的發展能夠成功，就是在剛加入 BNI 會員時到台灣玩，受到你們非常熱誠的接待與幫助，我心想怎麼會有這麼好的環境，怎麼會有這麼好的人，這是一個什麼樣的社團環境？BNI 又是一個什麼樣的組織團隊？」

待在台灣的日子裡，這些都讓這位負責人非常的感動，於是在他回到工作崗位後，開始更加的投入 BNI 的活動，如今能有如此大的發展，他說就是因為在當時在台灣帶給他那股震撼的能量。

聰評老師常常能收到大家的回饋與感恩，有著這些回應讓他更能感受到，現在做的這件事情非常地有意義跟價值。

BNI 的遠景就是「改變世界做商務的方式」，同業上下游、異業合作，設定明確目標，互相通力合作，為達成遠大的目標而前進，一起持續的將這個善的環境、善的文化，與善的理念複製並傳承下去。目前，BNI 在台灣的目標是「幫助萬人運用這個組織系統平台」，透過一個個小目標的合作，經由點、線、面連結出互助的大網絡，讓目標持續的擴大，遠景不斷的提升。

人是環境的產物，所以創造出一個和善美好的環境對我們來說非常的重要。也希望透過 BNI 全球商業網絡組織，讓更多的人在這個系統平台上安身立命，事業繁榮興盛，衣錦還鄉甚至光宗耀祖，讓大家一同建立出一個好的環境，讓後代子孫不論在生活上、事業上都有一個好的環境支持，也讓他們的未來有更多發展的好機會。

## 喜悅付出，造福人群

「懂得感恩，心情會祥和；懂得學習，智慧會開啟；懂得付出，人生會富有。」

聰評老師相當感恩當初一路走來遇到的貴人及恩人，也想要回饋施恩的人以至於這個社會，所以，他在 BNI 這個組織系統平台就是在帶動這樣一個力量。

由於團隊夥伴的關係是一種彼此成就的關係，大家互相扶持提攜，在很多事務上彼此通力合作，團隊成員們也都不斷自我鍛鍊，這種上進心讓彼此之間能夠不斷提升。能夠自我成長，彼此互相學習提升自我，這正是一個團隊躍昇的重要關鍵。而 BNI 主要服務對象是企業主商務會員，會員夥伴透過組織系統平台的學習，他們在回歸到原本的工作環境以後，更容易應用在生活日常裡，這稱做「學做教做」。

聰評老師讓會員夥伴將組織系統平台的「學做教做」理念，注入到他的公司裡，因為他個人喜歡成長，進而開始帶動身旁同事的成長，如此一來他的公司也會成長。

　　如果一個公司無法成長，據他觀察原因常常是出在老闆不願意成長，那麼自然就沒有辦法前進。如果公司的老闆一直是願意在推進學習的環境，那麼由自身開始帶動夥伴們持續的成長，這間公司的發展也會成長茁壯。

　　常聽到 BNI 的夥伴會員回饋分享，他們進入 BNI 組織系統平台學習，透過目標的設定，改變了思維與做法，也擴展了商務人脈，並獲得其他夥伴會員的資源支援，讓他們公司的業績都呈現倍增的成長，在 COVID-19 疫情期間，全球經濟皆遭受巨變，而他們絲毫沒有受到影響，反而是逆勢成長。

　　BNI 組織系統平台，提供給大家一個印證成功的系統跟平台，但是有些人可能自己本身的能力很好，所以參與時如果只想按照自己的方式去做，那麼在使用 BNI 這個系統跟平台反而會大打折扣。遇到這種情況，聰評老師就是面對面，持續有耐心的溝通，但有時候會讓子彈飛一下，讓這件事情不要在風頭上，事緩則圓，才不會讓情緒的層面傷害到彼此的感情，事情已經遇到時，就是面對它、接受它、處理它，然後放下它。

　　BNI 組織系統平台的訓練學習就是「要幫助人」，聰評老師認為既然想要幫助人，遇到這種負面的情況就需要堅持，因為幫助人也是一種考驗，對方現在的狀態沒能到位，這就表示需要你的幫助，雖然這會讓內心對於人性出現一層防禦，但還是要調整好正向的心態去面對處理，因為「天要給的福是逆來的」，現在的他，雖然給你的考驗是更多，但是後來的他，能給予你的幫助是越大。

　　從事個人成長顧問工作多年，聰評老師認為個人的成長，要先把自己整理好，自己走在對的方向，然後經由持續的學習成長，不斷提升成為更好的自已，讓自己能夠貢獻出更好的力量給社會，成為這個社會的助力，而不是成為社會的阻力。如果人人都能貢獻一點點力量，這就是「當責」，那麼我們就能共同打造出一個幸福的生活圈。

　　2023 年 7 月在馬來西亞舉辦一年一度的 BNI 年會，這是疫情結束後大家久違的相聚，很多老朋友重逢，也與新朋友會面，場面倍感溫馨，透過這樣的情感建立及維繫，聰評老師也跟 BNI 馬來西亞的會員夥伴互相交流學習。

　　他說有一句話說得很棒：

**環境很重要，不是要資料**

**用心的與 BNI 夥伴鏈接在一起**

**協助彼此更加的了解系統平台的運用**

　　因此聰評老師鼓勵大家用自己的每一分光，發揮每一分力量，每個人善盡自己的力量，去展露並影響這個社會，當大家都能朝著一個理想，一個夢想前進，人人都願意付出，為社會貢獻，那麼生命自然輕盈美好，生活自然豐盛精彩。

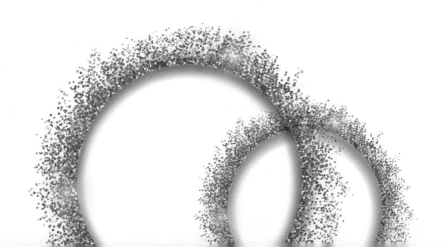

用心照亮生命
發光引人前行

Profile

黃子為

# 講師簡介

中華華人講師聯盟 / 前秘書長 / 理事

康洋食品有限公司 / 總經理

睿洋文教有限公司 / 執行長

Asia Training/ 台北事業合夥人

薇拉牙醫診所 / 常務董事

中華開創多元教育協會 / 創會理事長

桃園市陽光幼教協會 / 總幹事

桃園市創新獅子會 / 導獅

桃園市瀧星獅子會 / 創會會長


## 證照

Reiki 臼井靈氣三階 療癒師

NLP 神經語言程式學 專業執行師

國際催眠療癒認證 執行師

英國 Tony Buzan 心智圖 國際認證管理師

英國 Discus 行為風格 國際雙認證導師

中國非暴力溝通 認證導師

皮紋天賦特質 分析師

財富流沙盤 帶領教練

INCA 國際生命數字協會 論碼師 & 講師


## 聯絡方式

信箱：andyhuang6963@gmail.com

生命是一段旅程，充滿高峰和低谷、挑戰和機會，有如一場冒險，其中的每一步都能讓我們成長，並帶來寶貴的經驗。

印度著名詩人泰戈爾《用生命影響生命》：「把自己活成一道光，因為你不知道，誰會藉著你的光，走出了黑暗。」每個人都是發光的種子，希望能經由我們的光，讓別人的光芒能更為閃耀，進而影響更多人活得幸福快樂，活出生命的美好。

黃子為曾渡過事業的低潮、婚姻的破裂，還經歷主動脈剝離的生死關頭，置之死地而後生的他，更加珍惜「生」的可貴，他的人生是一場充滿啟發和洞察力的旅程；是一段關於挑戰、成長、誠信、用心照亮生命的旅程，他將帶您發現內在的力量，找到生命的意義與使命。

他說：「生命，就像一本未知的書，每一頁都充滿著未知和挑戰，但正是這種未知，賦予了生命無限的可能性。我們將探索一位人生旅者的故事，他以用心照亮生命的方式，發光引領自己和他人前行。」

## 勇敢突破自我的設限

在子為老師堅毅的外表下，內心卻是細膩無比。他從小就在貧困的家庭環境中長大，為了減輕家庭的經濟壓力，他孝順地在假日跟著母親去擺攤。母親辛苦地維持著全家的生計，但貧窮卻一直伴隨著他們。此外，由於他個子較小，經常受到嘲笑，這些因素使他的童年缺乏自信，甚至是自卑。

這段艱苦的成長過程不僅影響了他的個性，還影響了他的事業、婚姻和身心健康，在離婚後，他罹患了嚴重的憂鬱症，腦中充滿負面的想法。白天工作時，他會無意識的像行屍走肉般度過一天，但一到夜晚回到家中，總是情不自禁地哭泣。然而，在他萬念俱灰時，他的女兒成為了他的精神支柱，成為了他的天使！

離婚後，他決心改變自己，開始不斷的投入學習，沒想到這個決定會為他開啟一個全然不同的人生！當時，子為老師第一個舉動便是參加健言社的「口語表達」課程。他還記得第一次上台演講，那天是寒流來襲，但一上台他就不由自主地顫抖，並且不斷的冒著冷汗，全身都濕透了。三分鐘演講結束後，講評給的評語是「不知所云，牛頭不對馬嘴」。儘管起初缺乏自信，但他沒有因為第一次的負評而氣餒，反而一再地練習並且逐漸進步，一個三分鐘的演講，他可能事前已經演練了 30 至 50 次，然而，上台後仍然是不知所云。就這樣一次又一次的練習，最後，他從五分鐘、十分鐘到十五分鐘，再到一小時、兩小時，不斷上台練習，最終成為了一位講師。他甚至到中國和馬來西亞演講、開課，這對他來說是過去想都不敢想的事情。

　　有句話說：「上帝關了一扇窗，必定會為你打開另一扇門。」子為老師由衷感謝前妻，因為離婚而給予了他這個成長的機會，使他看到不同的世界，擴展了自己的視野和格局，並改變了他的人生。他視前妻為上帝派來鍛鍊他的天使，因此他經常與自己和他人分享這句話：「一切都是最好的安排」。

　　有一句話說，「幸福的人生都是一個樣子，不幸的人生有著千百種樣子。」子為老師深刻體會到這句話的真理，他認為所有的人生經歷都是上天給予我們的學習機會，讓我們擁有更大的接納和包容心，所以他非常歡迎每一位有緣人進入他的生命。

　　子為老師憑藉豐富的人生經歷培養了積極樂觀的生活態度，發願幫助他人認識自我、突破自我，讓生命更加美好。他不僅擔任講師和作家，還創建了多個社團，號召更多人一同參與社會公益活動，為社會做出更多貢獻。

　　在自我成長過程中，他積極學習身心靈方面的課程，獲得了多項認證，在他身心靈極度低潮時，他將所學知識應用於自己身上，堅定地告訴自己不再自怨自艾，而是要振作起來。他表示：「憂鬱時期的某一天，體內的自我好像甦醒了，那時整個人變得清醒，有煥然一新的感覺。」他將自己的成長過程比作煮開水，但是這壺水不是放在瓦斯爐上，只要火一點，水就會沸騰，而是在烹煮的過程中，靠著溫度慢慢升高，達到一個沸點而產生沸騰。

　　他說：「當時的我每天都感受到天使與惡魔在拉扯，惡魔說你這麼糟，要你去死，天使說不行，你來到這個世界上，一定有你的因緣

跟使命！然後，在某一天，他內心的天使戰勝了。」

　　面對眼前的困難，子為老師認為，當我們能夠換個角度看待問題時，會發現原本巨大的困難變小了，未來的前景變廣闊了。他常提醒大家：「上帝不會丟一顆你接不住的球！」因為上帝相信你有能力接住這顆球，並讓你思考如何克服眼前的困難，讓你的視野變得更廣闊。就像從不同高度欣賞風景一樣，當我們站在二樓往下看，觸目所及是街道的混亂與垃圾，但站在 101 層樓往下看，眼前展現的是美麗的風景。這種差異是因為我們所處的高度和視野的不同。

　　生活中的困難和混亂有時會讓人感到困頓，但如果我們能想像自己正在一步一步向上攀爬，即使每個月只能爬升一層樓，仍然代表自我成長與進步。當最終到達頂樓時，看到的風景將完全不同，而攀爬的過程中，我們將學到更多，包括更深層的自我接納和肯定。

　　子為老師告訴我們，每一個困境的背後都隱藏著神秘的禮物，儘管我們當下難以看見。人們一般傾向於做自己喜歡的事情，但真正的成長往往來自於挑戰和堅持，需要克服不舒服的感覺，並學會面對不同的挑戰。在這個過程中，誘惑也會不斷出現，它們是我們的學習機會，讓我們拒絕誘惑，深入了解自己的內在並接納自己的不完美。通過層層關卡，我們才能真正成長，發現自己的潛力。


## 同理與愛的旅程

　　回想起改變自己的那段旅程，子為老師常常透過閱讀經典書籍來檢視自己的價值觀。其中對他改變最深刻的一本書是《了凡四訓》。

這本書中講述了作者晚年以自己的生命經驗告訴兒子，如何創造全新的生命。 他從書中領悟到命運是由自己創造的，於是開始遵循一些為人處世的原則，謙卑地學習、無私地付出、不斷地調整自己的內在。他學會了不爭不搶、不卑不亢、內心充滿知足跟喜悅並無私的分享。以同理的方式看待周遭的人事物。漸漸地，他發現自己的生活、事業、人際關係、運勢、以及環境等各方面都開始發生正向的改變。

　　子為老師常常分享這句話：「這個世界就像迴力鏢一樣，你給出什麼就會得到什麼。」我們給出什麼，就會回報什麼；我們想要什麼，就要付出什麼。

　　他回顧過去經營事業，希望為客戶解決問題，減少客戶的不便，於是他開始思考客戶需要什麼，並且開始整合客戶的需求，提供更多的產品，也為產品把關，要求上游供應商提供高品質的商品，以合理的價格賺取適當的利潤。 由於服務更多元，商品更優質，他贏得了客戶極大的信任，客戶開始願意長期合作，還為他介紹更多客戶。 這些改變讓他堅信，用同理心的方式，站在客戶的立場，為客戶解決問題、滿足客戶的需求，最終用誠信贏得客戶的信任，這樣才能夠在事業上產生良性的循環。

　　古人說：一日三省吾身。當時的子為老師之所以能夠快速的成長與進步，就是養成了每天都自我反省的習慣。他會回顧今天見過的人，他們的對話和態度，然後反思自己，思考如何做得更好。他明白，外在世界的每個人其實都是他自己，所以在他眼前發生的一切都是為了反映給自己。當對方在他面前呈現驕傲自滿，他會反思自己內在是否

也有同樣的態度。透過他人的顯現，他更能學會調整自己的態度跟行為。

他分享他有個朋友是個光頭，常常逗趣的搞笑，有一次他的朋友又很誇張的搞笑，子為老師內心起了一個鄙視的念頭，覺得他就像個小丑一樣，剎那間，他意識到自己起了這個念頭，於是他在內心自己唸懺悔文，並且到這位朋友面前，告訴朋友：謝謝你一直當大家的開心果，讓大家這麼開心。於是，對方聽到後也非常的開心。

子為老師深知很多事情都有因果關係，因此他體認到我們所給予他人的，最終都會回到自己身上。 他堅持傳遞正面和善良的東西給這個世界，因為祝福的力量是最偉大的，只有祝福才會帶來幸福，若人人都有一顆良善的心，那這個世界就會更加的美好！

他很喜歡與前輩和長者們交流，傾聽他們的人生經驗和對話，這能夠激發出不同的思考和新的想法。 他也時時刻刻提醒自己要懷著謙卑的態度向各領域的人學習，並吸取他們的經驗和智慧。

透過學習了解自己、探索、覺察和自我成長等課程，子為老師充分表達對他人的同理與理解。他說：「也許是因為我本身親切隨和的性格，還有對人的同理心，讓許多人更願意與我對話，傾訴一些不能對外人訴說的苦。通過陪伴和交談的過程，能夠使他們得到了短暫的療癒。」

常有朋友對子為老師說：「別人也曾說過同樣的話，但那些言語只會讓我感到焦慮和煩躁，無法入耳、入心。但在與你對話的過程中，我能感受到自己的內心被觸動、 被理解，還能感受到愛的流動。」這

些都是因為子為老師親身經歷了許多生活領域的問題，包括健康、家庭、婚姻、親子、事業、人際關係、感情等。因此，他能夠充分理解每個人當前的感受和困境，所以他只是傾聽和陪伴，就讓對方感受到被理解、被接納，並且在當下啟動對方的自我療癒。

由於自己的許多經歷，讓他更有同理心。他看到很多人在生活中受苦，同時，他知道這都是人們必經的過程，必須靠自己的力量才能重新站起來，獲得成長。因此，對於來到他身邊的人，他能做的就是多一點同理、多一點傾聽、多一點陪伴，讓他們能夠透過他溫暖的同理跟陪伴，勇敢地向前邁進。

他從閱讀經典書籍到學習自我反省，不斷地提升自己，成為一個能夠帶來正向影響的人。子為老師的生命經驗告訴我們，透過同理心、付出、和善良，我們可以改變自己，也能夠影響他人，成就更豐盛的生命。

## 堅守誠信的原則

「做事有品質，做人有品德，生活有品味。」是子為老師生活的範疇。在生命旅程中，「誠信」一直是他重要的指南，他非常重視所說出的每一句話，這不僅是對他人的承諾，也是對雙方的尊重。

他坦言過去常常無意識的答應別人的請求，或隨口說出做不到的話。例如：經過一家餐廳，便對朋友說：「聽說這家餐廳很不錯，我們下次一定要來品嚐一下。」然而，這樣隨口說出的話經常無法兌現，實際上在別人眼中可能就是一種欺騙，或者讓人覺得是一個信口雌黃

的人。

　　子為老師分享了一個故事，他曾經跟朋友約好要去載對方，當朋友打電話來詢問他的位置時，實際上，他還需要過兩個紅綠燈才會到達，但他腦中想著對方可能還需要整理東西、坐電梯、走一段路程等等的時間，於是他隨口回應對方說：「我到了！」然而，事實是對方已經在門口等候，並認為他這種態度不好。

　　從這些生活中的小細節讓他意識到這種不良習慣，他開始隨時注意自己的言行，發現在與人交談時，不能輕率地說出承諾。因為語言具有力量，他明白從自己口中說出的話語，對方往往會認真記住。當對方發現你未能兌現時，會認為你是一個不守信用的人。因此，他認為不論是承諾別人的事情，只要說出口，或者是答應別人的事情，都應該信守、堅守「誠信」的原則。

　　這種改變也深刻影響了他的事業。有一次，一位客戶對他說：「我在社團中觀察你一、兩年了，我發現你不論說了什麼，都會兌現，即使是小事。這是我在許多人身上看不到的特質。」僅僅因為這個看似無傷大雅的習慣，堅守「誠信」的原則，這位客戶成為了子為老師重要的合作夥伴。可見「誠信」不僅僅是一個人的品格，它深刻地影響每個人的方方面面，對事業和人際關係的影響更加深遠。建立自己的信譽需要長期的堅持，但破壞信任往往只需要一瞬間。

　　人生中的高低起伏，贈予子為老師無數寶貴的禮物。他學會放下很多事情，改變了自己的行為和做法以及思考模式。因此，他建議大家努力成為自己想要成為的人、堅守誠信的原則、做經得起考驗的事，

成為值得信任的人！

## 積善之家必有餘慶

　　子為老師常常分享這句話：「積善之家必有餘慶」，意味著在生活中累積善行與美德，將會為我們的人生帶來幸福與福、德、慧。

　　他回顧自己與死神的那一次搏鬥，當他面臨心臟主動脈剝離的緊急危險時，他腦中突然顯現觀世音菩薩，於是他馬上在心裡呼喊觀世音菩薩的名字，同時，他眼見菩薩的出現，菩薩站在雲上，一手拿著甘露瓶、一手拿著柳枝，並用柳枝在他心臟的地方點了一下，於是，原本痛不欲生、瀕臨死亡的邊緣，因為菩薩的慈悲，幫助他脫離痛苦，最終在鬼門關前走一遭。這次瀕死的經歷讓他更深刻地體會到生命的脆弱和無常，也讓他天天充滿感恩之心的生活。也因此，他積極參與公益服務，回饋社會。

　　子為老師的座右銘是：「以身作則、自助助人、發揮正向影響力！」

　　他說：很多人對於生命的歷程常常無法理解甚至茫然，所以對方會需要我們去陪伴，讓他能因為我們的光而受到影響與啟發，讓人們也能成為那一道光，去讓自己發光、也照亮別人為人引路，創造出每個人獨特的生命價值，一起做對社會有貢獻的事。

　　當子為老師得知獅子會是全球最大且有著百年歷史的服務型社團時，他心想既然獅子會是百年社團，而且全世界最大，那肯定有可以

學習的地方，於是他毫不猶豫地加入了國際獅子會。

古人說：「三十而立，四十而不惑，五十而知天命」，獅子會的座右銘「We Serve」，即「我們服務」，與子為老師的服務精神、人生使命相契合，於是子為老師在 50 歲知天命之年，確立了人生下半場的使命。在今年 2023 年創立了「桃園市瀧星獅子會」。

子為老師對瀧星獅子會寄予了許多期望：

一、吸引更多年輕、充滿活力的會員，使獅子會變得更加年輕化。

二、改變人們對獅子會的刻板印象，讓更多人了解獅子會所投入的社會服務。

三、成為培育領袖的搖籃，讓年輕人有機會在這裡學習、成長，並在事業上互相支持。

子為老師的使命：「啟發他人創造生命價值，做對社會有貢獻的事。」他深信每個人都有自己的人生使命和價值，每個人都能夠為社會貢獻，不論年齡、背景，因此他致力於社會服務，

他期許每個會員透過加入瀧星獅子會，實現「五益」人生：

1. 做「公益」服務。

2. 參與「生意」交流。

3. 結交「良師益友」。

4. 過「輕易」的生活。

5. 擁有「幸福滿溢」的人生。

瀧星獅子會的核心價值：「互助共好、奉獻感恩。」

他用這些文化、理想、願景以及對獅子會的使命感，吸引志同道合，價值觀相近的朋友來加入，如今瀧星獅子會的會員裡面，老、中、青三代都有。

最後，他說道：「積善之家必有餘慶。」他常與獅友會員們分享：「做公益服務，就是在為自己跟家人累積福德、耕耘福田。」

人生有兩本帳戶，物質世界的帳戶和無形世界的福德帳戶。要在物質世界獲得所需，無論是事業、財富、感情、家庭、健康等，都需要在無形帳戶中累積足夠的福德，這樣在物質世界才夠提領的出來你想要的。這就很像是我們拿著提款卡到提款機去領錢，但是你的帳戶裡必須要有錢，才能夠從提款機裡提領的出來，如果你的帳戶裡沒有錢，那麼就算你跑再多的銀行，換再多台的提款機也是提領不出來。

我們想要事業成功、家庭幸福、財庫飽滿、人緣佳、有影響力……，這些都需要有福德的累積，不然，再努力也枉然。因此，加入有著百年歷史、全世界最大的公益服務社團「國際獅子會」，參與獅子會的公益服務，也有助於累積福德，同時，在社團裡向各個成功人士學習，進而實現自己的夢想。


## 改變自己、啟發他人！活出精采人生！

每個人的一生，都是如同一本獨特的書，頁頁充滿了精彩的故事，章章包含了各種挑戰和機會。這些故事，有些是自己書寫的，有

些則來自他人的貢獻。子為老師的人生歷程，充滿了生命中的啟發和智慧，如何透過愛、善意和同理心照亮自己和他人的生命。他傳達了一個重要的訊息：我們的人生充滿無限的可能，只要我們敢於改變自己，就能夠走向更美好的未來。

　　談到華盟，子為老師常分享自己是喝華盟的奶水長大的，當他還是一名很菜的講師時，他請他人生中的貴人，也是現任中華華人講師聯盟的理事長 - 羅懿芬老師推薦他加入華盟，他帶著學習的心來向前輩們學習，也因著他旺盛的學習心，在華盟他學會了出版編輯、學會了舉辦活動、學會了許多演講以及授課的技巧……更向許多優秀的前輩學習。在初加入華盟之時，他形容自己就像個小粉絲一樣，跟在陳志明博士、嚴守仁博士、陳於志博士旁邊學習，吸取三位博士的智慧，他形容自己沒有「慧根」，也要「會跟」。

　　經過了各個委員會的歷練，他的能力快速的提升，而他也始終懷抱感恩的心，對羅懿芬理事長感恩、對華盟感恩，乃至對身邊的人感恩。他說他在華盟獲得太多了！華盟不僅是一個社團，裡面陪著他一同成長的老師們更是他的兄弟姊妹。

　　在獅子會裡，子為老師的獅齡並不算長，但他形容自己得了獅子癌！因為獅子會的服務精神跟他不謀而合，所以當他進入到獅子會，看見這麼多的獅友，滿滿的愛心，出錢出力、付出不求回報，他的內心滿滿的感動，並以此為使命，讓獅子會的服務精神延續下去、獅友的愛心讓更多人看見，他形容創會是一種責任，更是一種使命！

　　他的故事提醒我們，無論我們的起點多麼艱難，只要我們擁有正

向的思維和勇氣，就能夠創造一個充滿愛和希望的人生；不論面對多大的風浪，我們都擁有照亮生命的內在火焰，能夠在黑暗中發出光芒，為自己和他人指引方向。

　　我們所給予的，最終都會回到我們自己的生命中。所有發生在我們生活中的事情，都是內心的反映；所有我們施予他人的，最終都會以某種形式回到我們的生命中。因為我們所付出的，實際上也是在回報給自己。所有發生在我們外在的，都是自己內在的呈現；所有我們給出去的，都會再以另一個形式回到我們的生命裡，因為我們給別人的，其實，就是給我們自己！

　　「愛出者愛返、福往者福來」不僅僅是一句溫馨的話語，更是一種生活哲學、一種積極正面的信念。當我們以愛心去關心他人，付出善行，或是感恩身邊的人們時，我們不僅將愛與幸福傳遞給他人，同時也啟動了正面能量的循環，我們同時也獲得了無形的回報，這不僅是一個古老的智慧，更是一種生活的真理。

　　愛，就是這個世界上最強大的力量，讓我們每天都用心照亮生命，成為愛的光芒。無論在逆境或順境中，愛與感恩將永遠是引領我們人生航行的燈塔，「用心照亮生命、發光引人前行」，讓我們每天都充滿愛和善意，成為改變自己和這個世界的力量。

　　願你的人生充滿愛和幸福，讓荒原變成綠洲，讓黑夜變得溫暖，世界將變成人間天堂。

**講師筆記**

　　黃子為老師分享一段他很喜愛的印度詩人泰戈爾的詩來送給大家。願每個人都成為自己跟別人生命裡的那道光！

《用生命影響生命》

把自己活成一道光，

因為你不知道，誰會藉着你的光，走出了黑暗。

請保持心中的善良，

因為你不知道，誰會藉着你的善良，走出了絕望。

請保持你心中的信仰，

因為你不知道，誰會藉着你的信仰，走出了迷茫。

請相信自己的力量，

因為你不知道，誰會因為相信你，開始相信了自己。

掌握學習關鍵
開啟快樂泉源

············································

# Profile

賴明玉

# 講師簡介

中華華人講師聯盟 培訓長
國際獅子會國際總會認證講師 LCIP
中華華人講師聯盟認證講師
中華民國健言社 13 屆「金口獎」評委
兩岸孫子兵法廣州辯論賽評委
獅子會 TED 評委
獅子會講師遴選 評委
孫子兵法協會 監事
國際性社團教育訓練 執行長
中華華人講師聯盟第七屆秘書長
中華華人講師聯盟培訓主委
國際性社團講師培訓訓練師
善水堂基金會 顧問

## 榮獲獎項

2015 年 上海舉辦中國好講師
　　　　兩岸三地中國我是好講師 前 30 強
2003 年 經濟部加盟連鎖協會全國傑出服務店長
2005 年 桃園市傑出婦女創業獎

## 國際版權課專業證照

《The Leadership Challenge ® 領越領導力》認證導師
《The Five Dysfunction of a Tesm® 克服團隊協作五種障礙》
《知人善任之 DISC® 性格行為分析》技術顧問認證導師
《非暴力溝通——同理心》認證導師

## 聯絡方式

信箱：fanny.lay@gmail.com

透過不斷的學習，會讓你的視野變得寬廣，也會讓你感到更有自信，當快樂的泉源被打開，心境也跟著改變。當你把自己的心打開，願意去接受外在的東西，不管是好的還是不好的，透過這些經歷與學習，能帶給我們巨幅的成長，只有勇於蛻變，才能擁有全新的人生風景。

生命充滿無限的可能性，在職場上每個人都是潛力股！從工業區基層的倉管員，到創業成為連鎖便利商店的加盟主，而現在成為一名企業講師，每項工作都是突破職場天花板，這位生命勇者就是「心世紀導航師」賴明玉。

## 跨越界線，發掘自身可能性

　　人生會因為經驗的增長、視野的增廣，而提升我們的思維，因此當年明玉老師在工業區服務了五年，因積極的態度並將其盡善盡美的完成，受到公司主管肯定，一路晉升到廠長助理。為了創造人生更大的價值，明玉老師萌生了創業的想法，於 1990 年轉換跑道，投身加盟產業擔任連鎖便利商店加盟主及店長，一做就是十九年。

　　她在經營的過程中發現，有些人的臉色是神采奕奕充滿光采，而有些人的臉色是消沉黯淡無精打采？在觀察後發現跟「學習」這件事有關係。如果一個人都待在家裡不出門，視野便無法開展，容易安於現狀，不求進取。如果試著走入人群，開始建立人際互動，也許聽一場演講，只要有一句話能觸動到你，就有機會產生不同的思維，增加接觸學習的機會，會開始發現原來生活也可以這麼過，人生的道路是如此的開闊。

　　明玉老師認為持續保有學習的人，能夠擁有快樂的心境，所以「學習是開啟快樂泉源的一把鑰匙」。當你經由學習，而能接觸越來越多的事物時，其實不只是把你的路打開，也能在這些道路裡面，開始找到，自己就是真正的自己。

## 擁抱挫折，心念轉化向前行

　　談到明玉老師創業的道路，並非一切順利。剛創業時，連鎖的便利超商業正興起，與朋友合資加入「統一麵包」連鎖店，主要販售統一麵包，當時在商圈且旁邊還是客運站的起點，經營了十年業績都算

不錯。因時代的變遷，7-11便利商店為迎合消費者的需求，不只販售商品，還有電話費代收服務，多元化的業務讓統一麵包的市場競爭力降低，當時除了面對新的店家的挑戰，還要面對房租上漲造成收支不平衡的壓力，促使明玉老師不得不考慮更換經營地點，從市場的商圈，轉換到一家醫院的旁邊。

到了2000年，為因應趨勢變化並提升職場的競爭力，從「統一麵包便利商店」加盟店轉型成「統一超商7-11」加盟店。轉型之後因應品牌效應，業績也大幅的成長，每個月的盈收在扣除管銷費用後，淨利約有二十萬左右，當時在所有的連鎖便利商店裡算是一個獲利還不錯金雞母。才剛嘗到業績上漲的甜頭，老天爺又再度捎來新的考驗，醫院因應醫療業務的考量，而將現有的設備都轉移到新成立的醫院地點，使得門市的客源減少許多，營業額也迅速的下滑，公司也建議可以再開一家複數店來平衡收支，但因為一直沒有找到適合的地點而因此作罷。

當時徐重仁總經理鼓勵明玉老師，他說：「每個人都會面對困難，就看妳願不願意去接受它。妳願意接受它，至少還有一片天，如果放棄了，可能就會跟這個行業說再見了。」因為徐總經理的這一番話，讓她決定繼續營業下去。

而老天爺的考驗也接二連三的到來，在轉型統一超商後不到十個月，鄰近的醫院搬遷，於2013年爆發SARS冠狀病毒的感染，人心惶惶，沒有人敢出門，甚至到醫院附近，讓門市經營受到嚴重的影響，業績不如預期接連慘遭滑鐵盧。

　　持續將近兩年的經營窘境，除了考驗明玉老師的創業決心，同時也要有本事照顧員工。她回想當時的情景，表示：「我當時的內心很掙扎，每天睜開眼睛的當下都在思考著今天要不要去開店？今天有沒有員工不能來上班？日後該何去何從？這讓我感到十分的頭疼，選擇放棄等同放棄投入的大筆投資金，還得加上賠償違約金的壓力，而且如果選擇結束，那麼我的夥伴跟員工們要怎麼辦？」

　　最後，明玉老師選擇繼續堅持下去，並做出相對應的行動，她告知了夥伴和員工說，因為業績大幅的滑落，門市必須縮編人力，每個班別只能留一個人，並介紹被資遣的人員到鄰近的門市工作。而令她訝異的是，員工們竟然告訴她不想離開這裡，業績狀況不好沒關係，他們可以輪流休無薪假。甚至上高中的兒子還跟她說：「媽媽，不然妳放棄，不要開店了，我跟爸爸養妳。」有著家人與員工夥伴們的支持，也大大的鼓舞明玉老師繼續營運下去，這些暖意，直到現在都能感受到。

　　明玉老師在整個創業的過程中，經過多年的磨練與經驗累積，加上身邊有非常多的貴人協助，學到的不只是專業知識，更多的是寶貴的實務經驗與自己的觀察力。藉由這些點點滴滴的累積，讓她在門市管理、人際關係與團隊領導都擁有非常豐富的資歷。

## 帶人帶心，凝聚向心力

　　在如此顛沛的時期，員工們都這麼死心踏地的跟著她，明玉老師也分享了自己的經營之道。

　　經營超商，不只是領導員工達成公司業績，更像是夥伴與家人的關係，在腦力激盪中，讓員工主動承擔責任，目的是做到讓員工能「自主管理」，學會經營管理的能力，這樣的大愛，也為自己未來成為企業講師，打下非常深厚的根基。

　　明玉老師常問員工：「你覺得目前的狀態，你已經很滿意了，對嗎？那你覺得我們可以如何改變，讓它變得更好呢？」

　　明玉老師集聚眾人之力，並且尊重每個員工的想法與意見，讓彼此成為彼此的眼睛，看到自己的盲點，這也是為了要讓顧客滿意，讓服務的品質好上加好，她認為，每個人不能只是在自己的圈圈裡服務，都要走出去看看外面的世界，別人是怎麼運作的，才能看到自己不足的地方，藉此來提升自己對顧客的服務能力。

　　因此，明玉老師堅持員工們走出去學習，在門市的離峰時段，她會招待員工到頂級牛排館用餐，去學習高級餐廳的服務模式，並與其討論在享受服務的過程之中，有哪些服務是令人滿意的，或是可以再改進提升的，並且把這些學習，落實到門市的顧客服務之中；有時也會請員工幫忙購買早餐，透過早餐店客流量最大的尖峰時段可以觀察到老闆娘跟顧客之間的應對與互動，藉由實際觀察與體驗，讓員工們學習，潛移默化之間提升了員工對顧客的服務品質。

　　於是員工們會開始注意與顧客之間的對話語氣及應對方式、注意環境的整潔、購買動線的順暢度……等等，進而主動提出可以更好的服務改善建議，而不是被下達指令才去改變，因為有了這樣的改變與回饋，讓員工們找到服務的熱情，活絡整個門市的氣氛。

明玉老師表示：「事情的價值並非用金錢可以來衡量，重要的是人心的感受。」在經營門市時，她從來不給員工們現金獎勵，現金獎勵會把胃口越養越大，而且容易出現得失心。當門市當日的績效不錯時，她會買個東西在辦公室裡一起分享；除夕過年時，她會讓住在門市附近員工們輪流回家吃年夜飯，或者訂一些年菜在店裡大家一起圍爐。明玉老師認為每個人要的不多，要的是你把他當成家人，把他真正放在你的生活圈裡面，讓他們能感受到你對他的重視，這也是團隊領導帶領的重點。當每個人的心都在一起的時候，自然就有向心力。

## 不斷學習，讓自己跳脫舒適圈

明玉老師也分享自己成長的養分，就是不斷的學習。在轉型統一超商時，加盟主要先完成四週的教育訓練課程，當時她積極的學習：如何經營門市、如何訂貨、排貨及貨架的陳列，讓自己的門市可以井然有序地上軌道。所以她跳脫了自己熟悉市中心的地區，選擇了離自己店較遠的機場門市去實習，看看別的加盟主是怎麼經營與管理的。

到機場門市實習的第一天，機場門市的店長就投下了震撼彈，在明玉老師充滿了熱情與興奮，期待可以學會更多的專業知識與流程時，店長只說：「喔！既然妳是加盟主，來！我們先到倉庫拿報紙與清潔劑來擦玻璃。」機場門市櫥窗是ㄇ字型的大型落地窗玻璃，明玉老師整整花了兩個小時，才將玻璃擦拭完畢。

在清潔工作告一段落後，她很開心的跑去找店長自己完成了任務，可以開始學習實習的內容。但店長看了看，指著玻璃邊框說：「這

個鋁框下面還有痕跡，再繼續擦。」明玉老師這才發現，報紙因清潔劑的浸潤，油墨殘留在鋁框上，只好提振精神繼續擦拭。就這樣，整整一個禮拜，店長都讓她在擦玻璃。

當時，明玉老師不明瞭店長為何要如此的要求重複的擦玻璃，白白浪費寶貴的實習時光。第二週回到總公司實習遇到區經理，她也抓緊了機會，跟區經理報告自己的遭遇，區經理反問她在擦玻璃的時候，有沒有觀察到門市外馬路的車流量、門市對面大樓有多少的客人走進來？而走進門市的客人，男性客層習慣走哪一些區域？女性客層習慣走哪一個區塊？明玉老師被區經理問得啞口無言，發現自己原來忽略了這麼多的細節，擦玻璃不單只是一項工作，而是在訓練自己對環境的觀察力。

這一記當頭棒喝，讓她在第三週回到機場門市實習，就主動去擦玻璃，觀察到不同時機的車流量變化、進入門市客人的工作屬性、不同性別客人的喜好，並與店長分享。三天之後，店長就叫明玉老師不用擦玻璃了，於是開始教她如何訂貨、商品陳列方式和一些實務工作。

第四週回到總部時，明玉老師與區經理分享實習所觀察到的心得，區經理聽完感到很滿意，並告訴她擦玻璃指令是自己下的，而非機場門市店長故意刁難，當一個店長，要能夠掌握門市附近商圈客層與客流量變化的這個能力，這比起學會操作訂貨系統或管理系統尤為重要，這也是一家店是否經營成功的關鍵。

藉由這次在門市實習的教育訓練，讓明玉老師學習到在做事情時，打開了對周遭環境的感知，而這樣一個能力，受用一生，她也將

此學習到的智慧，落實應用在自家的門市。

## 齊心共進，創造佳績

　　一個人走得快，一群人走得遠，自己要成功，只要管理好自己，但是要帶領一群人成功，就必須依靠團隊作戰力。明玉老師認為不論是個人還是團隊，成功無關鍵，而是何時開始「為自己創造新價值」。

　　她分享一個真實的案例。便利商店在節慶檔期都會推出相關預購商品，有一年母親節，明玉老師的門市有三百個蛋糕配額要賣出，她思考一下自己門市所在的位置，對面是一個辦公大樓，外圍是國小及國中，大家在下班或放學就會直接回家，所以要賣出三百個蛋糕是需要一點「奇蹟」的。不過既然有目標就必須去努力完成，於是她召開門市會議，平均分配早班、晚班及大夜班各一百個蛋糕。

　　這時早班兼職人員覺得沒有問題，早上會有很多媽媽們來買東西；晚班人員也覺得努力一下是沒問題的；而常上大夜班的員工就說：「店長，妳要我在大夜班銷售一百個蛋糕，我是要賣給鬼喔？」當他提出這個問題時，明玉老師也覺得他講的也沒有錯，統計門市大夜班的來客數通常在六十幾個人上下，要銷售到一百個蛋糕，真的是要賣給「鬼」。所以這也表示店長在工作分配上勞逸不均，但若只分配給早班跟晚班人員這也不公平，明玉老師在聽完大夜班員工說的話之後，拍拍他的肩膀，順口就說：「好，我們兩個一起努力。」他聽了之後，立刻回答說：「店長，妳自己說的喔！妳也有份喔！」這個不經意的話語，居然創造了一段奇蹟。

　　明玉老師每天早上七點就會到店裡，通常沒有店長會這樣做，她的目的是想要跟大夜班的人員碰個面，關心他在半夜一個人顧店的時候，有沒有遇到什麼樣的狀態，了解他的想法。在分配任務的三天後，大夜班的員工一早見到明玉老師就非常的興奮：「店長，昨天晚上我賣了比蛋糕還高的業績喔！」明玉老師半信半疑地說：「你吹牛都不打草稿的喔！」經過了解後，阿弟晚上賣了一百瓶知名品牌的養顏雞精，這是在超商業界的第一個案例，於是明玉老師也向他請教究竟是怎麼做到的。

　　阿弟知道有一個熟客要結婚，於是隨口問道：「母親節要到了，你要送丈母娘什麼禮物？」

　　客人想了想就說：「送皮包吧！」女生最簡單就是買個皮包，她們就會開心。

　　他又問客人：「那你打算花多少錢買皮包？」

　　客人說：「兩個皮包，大概要花個兩、三萬吧！」然後開始心疼自己荷包大失血。

　　於是他就說：「不用花到這麼多錢，如果我用三千九百元，幫你搞定三個女人，你覺得如何？」

　　客人問：「哪三個女人？」

　　他回答：「你的丈母娘，你的媽媽，你的老婆。」

　　三千九百元可以讓這三個生命中重要的女人都感到滿足，怎麼會不心動，於是他跟客人說：「你買一百瓶，三十瓶送給你丈母娘，因

為她勞心勞力籌備女兒的婚事，喝了漂亮；三十瓶送給你的媽媽，她喝了漂亮；剩下的四十瓶送給要當新娘子的老婆，變得漂亮，你帶出去也有風。」

客人看了看就說：「你這樣小小瓶散裝又沒有包裝！」

他就跟客人說：「沒關係，包裝是我們店長的拿手絕活，我可以請店長幫你包得漂漂亮亮的。」

就這樣積極的態度，讓客人下了訂單。

明玉老師開玩笑對大夜班員工說：「天啊！你成交了，我還得去學包裝。」雖然大夜班沒有賣出一百個蛋糕，但也創造了業績。最後大夜班不只賣出一百瓶，他成交了五個客人，共賣出了五百瓶。

明玉老師分享自己永遠記得物流司機送貨過來時那副極度懷疑的表情，他說：「店長，單子數量是不是把五十瓶 KEY 成了五百瓶？」當司機大哥聽到是大夜班做的業績後，從此對這個大夜班員工則是刮目相看。

區經理在得知這個消息後，就請明玉老師親自到區經理的幹部討論會上分享，這是所有便利商店都沒有發生過的績效。但明玉老師表示把這樣的光環，給創造業績的員工，讓他親自去分享並接受公司的表揚，他也會更願意發自內心的去為公司創造業績。

真心關心一個人，把所有人都當家人，這樣的感動與支持，是啟動另外一個人對生命的熱情與自己的價值，當他透過自己的努力，創造出成就時，這份成就感會激勵他一直努力的做下去。

## 把握機會，轉換跑道

　　正所謂「機會是留給準備好的人」，如果我們平時願意謙卑虛心地學習提升自己的實力，積累豐富的知識和經驗，當時間一到，機會自然就能找上門。然而機會來臨的時機我們固然不能強求，但是我們可以讓自己無時無刻都做好準備，一旦機會來臨的時候，可以適時表現自我，不讓機會擦身而過。

　　為了適時把握機會，一個人不只需要在平常各種時刻學習各種知識和體驗，同時不侷限自己在生命當中遇到的任何一種可能性。如果先入為主認定某些可能性是不好的，是需要避免的而不去嘗試，如此一來將會錯失很多可能到來的機會。當我們不拒絕任何可能性的到來，我們的人生會更加有味道，如此一來，人生也不會虛度而白白的走一遭。

　　在 2013 年，明玉老師參加傑出店長選拔，從全國一百六十八位店長中脫穎而出，獲得「全國最傑出服務店長」第二名，在便利商店體系裡晉升為內部教育講師，將自己在經營的寶貴經驗，濃縮成訓練課程，跟大家分享。明玉老師表示，每次去做分享，見到台下學員們喜悅的眼神，都讓令人感動，經由自己的分享，能夠開啟他們不同的思維，是令人興奮的事情。

　　爾後，明玉老師因為參加「中華華人講師聯盟」一場公益演講，正式展開她的講師之路。然而，從一位經營管理者要轉型成企業講師，在定位上就需要一段時間調整。為此，她透過多場的校園演講來提煉自己，拓展眼界。她也參加四場國際版權課程，取得卓越領導力、克

服團隊障礙、非暴力溝通還有 DISC 人格特質四項專業認證，在演講的領域裡變得能更為寬廣。

明玉老師將終身學習設定為人生的重要目標。有人說：「長江後浪推前浪，前浪死在沙灘上」，她笑道：「身為培訓講師，不能死在沙灘上」，她覺得要培訓別人，自己也要進步，在講師的這條道路上，努力的去學習新知，尋找更多新鮮的素材來分享給學員們，讓他們願意來學習。

明玉老師常常跟學員們開玩笑說，希望你們訂定一個目標，就是「把明玉老師換掉」。其實訂定這個目標，激勵自己更積極不斷的進階學習，也在鼓勵學員們要不斷的精進與學習。

當然在成為講師的過程也遭遇到不少挫折，當時曾有一家禮儀公司邀約課程，但距離約定授課的時間越來越近時，卻都沒有人來做最後確認，最後得知因為學歷不符合對方的要求而取消課程，雖然明玉老師內心感到挫折，但也因為這樣的機緣，讓她在五十歲退休後，仍重返校園，將挫折化作完成升學的夢想的力量，取得了企業與創業管理學系學士學位。

許多人會因為年齡而放棄許多的學習機會，明玉老師認為學習並沒有年齡的限制，透過學習可以開展人生的視野，讓人生活的更精彩。

明玉老師也因朋友介紹，也加入了「國際獅子會」，跟著社團舉辦的各種公益活動，持續學習及成長，增廣人生的見聞，開拓全新的視野，深入服務社會各角落，同時也在社團中擔任培訓講師培育人才，培訓出多位優秀的種子講師，能夠陪伴學員們學習成長，透過畢生所

學，將光芒與熱力傳承給他們，並協助他們圓自己夢。

## 珍惜羽毛，展翅高飛

人生的過程之中隨著年齡的增長，所見所聞日積月累，讓我們的想法都不一樣，因為這些經歷，讓明玉老師在做培訓工作的時候，會引導學員們，要格外珍惜自己的羽毛，不要在羽翼還沒有豐厚的時候就急著飛，因為你急著飛，而不小心墜落下來時，可能會讓你對往後的生涯都失去信心。如果你能夠沉穩等候讓羽翼長得豐厚，長到紮實了再起飛，那個時候你就可以飛得更高，飛得更遠，對於你的講師生涯也會越來越好。

如同設立新的商店一樣，需要學習許多相關的結構性、知識性及技術性的事物，經由不斷的精進才能讓自己的羽翼成長變成豐滿。以經營一家便利商店來說，身為店長要具備豐富的領導力，第一個要懂得下放權力，適當的授權給員工，給他們有施展的空間；第二個要懂得帶人，當我們適時給予員工機會時，他會非常的珍惜，有時甚至在下班之後還幫你把事情完成後才離開。但有的員工則是下班時間一到就下班離開，然而你不能嘮叨他，因為多講幾句讓他感到不滿意，可能明天就不來上班了，所以怎麼管理人員，就是要讓員工能夠喜歡待在你的店裡工作，這些都是管理的基本面，也是最重要的一環；至於硬體操作這方面，公司都會有完整的教育訓練，只要定期的接受訓練，都能順利的執行系統設備。

以講師來說，在自己知識面都還不足夠時，就想四處演講，這樣

往往會令人鎩羽而歸。明玉老師從基層面開始，不斷的充實自己，到處聽演講，觀摩他人演說的手法以及教學的技巧並吸收內化，直到五、六年後才真正浮出檯面來展翅飛翔。所以明玉老師也建議如果要朝講師道路行走，在知識面要能充實豐厚，技術要能熟練運用，一步一腳印紮實去做，等到羽翼都豐厚時再起飛，不必在乎你沈寂了多久，你沈寂的越久，表示你學習的空間更寬廣。

　　然而，要累積經驗，不只要靠自己去爭取機會，還需要秉持著永不放棄的精神。面對各種挫折不輕易放棄，而是抱持著「失敗為成功之母」的思維，不斷從教訓中獲取養分，讓這些養分有助於各種發展的可能性。

　　所謂人際的技術，終究比不上「用心」二字，無論是企業主或是身在職場的你我，一切從心態調整開始。看事情，聽事情，不要只看表面，用心體會才能懂得敘述者的真實意！

　　成功不是天上掉下來的禮物，唯有從心調整及願意走出舒適圈，願意面對自己的不足，踏上學習之路，迎向嶄新的人生！

追求心靈提升
轉動善的循環

Profile

謝秀慧

# 講師簡介

### 學歷
國立臺灣師範大學社會教育研究所教育碩士畢業

### 專長
成人終身學習、高齡社會教育、兒童團體輔導、
家庭親職教育、生活文化美學、創意思考訓練。

### 經歷
中華華人講師聯盟第十三屆常務理事
世界華人工商婦女企管協會總會國際理事
世界華人工商婦女企管協會台北華星分會名譽會長
台北市南投縣同鄉會第 24 屆理事長
台灣區南投縣同鄉會聯合總會理事
社團法人中華民國社區教育學會監事
中華元神禪修學會 秘書長
台灣乳房身心關懷協會顧問
內政部全國新住民火炬計畫種子講師
蛻變 365 成長團 創辦人
VSC 基金會創始人

### 績優得獎
世界夫人 2021 年最佳自信夫人獎得主
世界華人工商婦女企管協會 第二屆牽手獎得主
台北市交通局 2003 年金輪獎得主

### 聯絡方式
信箱：hsieh0726@gmail.com

愛需要轉動，幸福更需要調度，而一個人主動學習的動力來自於「幫助他人」。因為愛能讓人更努力，更開闊，更柔軟，也更有力量。學習成長應該要有目標：自己的學習和努力都是為了需要幫助的人們。一旦這樣的意識在我們內心紮根、生長，慢慢成為一種信念，就會獲得無限的力量，更願意全心全意去實現這個目標。

人生總會遇到不如預期的事，謝秀慧經歷一場突如其來的變故，帶來極大的衝擊，但她重新振作起來，熱心於婦女、親子以及新住民的生命成長，帶來更大的光與愛給世界。是什麼樣的力量，支持她跨越眼前的低潮，繼續勇敢的向前走？她的答案是盼望！面對環境的不如意，一個人內心有盼望是何等的重要與寶貴呀！有盼望才能產生勇氣與全新眼光，來看待眼前發生的事情。

## 接受苦難是化了妝的祝福

　　秀慧老師人如其名秀外慧中，人長得漂亮，也活得亮麗、活出智慧。她出生在金瓜石，在那個年代能就讀私立中學，實屬不易，可見父母給予非常良好的教育與資源。由於她是家中六個小孩中最小的，所以平日父母並沒有給予太多束縛，讓她一直可以隨心所欲的學習成長，然而在一場車禍後改變了這個幸福美滿的家庭。

　　她的大哥在年輕時因為車禍而過世，當時父母親非常的傷心，而秀慧老師也沉浸在失去兄長的傷痛中，不僅如此大哥還有二個嗷嗷待哺的孩子，因此父母也協助傷心欲絕的大嫂度過未來養育孩子的日子，大嫂也非常堅強的照顧孩子，將孩子培育的相當出色。

　　隨著時間過去，秀慧老師的父母漸漸走出這段傷痛，而且家人的感情也因此更加珍惜彼此，大家都有很好的發展與生活。秀慧老師表示如果當時沒有走過這段傷痛，父母也無法看到未來大家幸福的樣子，所以這也成為她自己成長的力量。

　　上天巧妙的安排，秀慧老師也在媽媽相同年齡的時間點，遇到了次子車禍身亡，原本一家五口和樂的生活，一夕間被突如其來的車禍徹底撞碎。

　　當時秀慧老師還在外地參與第一屆好能量樂健營活動，突然接到老天爺跟她開了很大的玩笑，半夜急促敲門聲驚醒了她，竟然是一個緊急意外車禍事件，帶走了她養育了二十年的陽光男孩。每個孩子都是父母親的心肝寶貝，對秀慧老師來說更是她生活的重心，當遇到這樣的事故，她千百回在心裡吶喊：「我不願意、我不要、我不接受……，

我只要我的家一家五個人相守、我只要我的小孩平安健康。」然而，考驗與磨難是如此的深刻與難熬，媽媽愛孩子的心永遠都存在，想要幫孩子做的事，全因這一場意外全都被粉碎。

走出孩子死亡的悲痛可能是一生中最困難的事，要經過許多階段，療癒一個個很深的傷口。當下秀慧老師也體會到當年大哥過世，父母心中的悲痛，各種情緒湧流過她全身，五味雜陳的思緒，縱然是萬般不捨，離情依依，卻也只能接受這個事實。短短經歷十四天的生離死別，秀慧老師願意相信老天爺有好的安排，有好的苦難祝福，她是如此感恩所擁有的。她知道如果沒有好好地過好自己的日子，感到最受傷的是愛她至深的家人、好朋友們，還有年邁的婆婆與高齡的媽媽，而當時她還要照顧一家四人。

這段期間，秀慧老師收到各地方好朋友、好同事、好姐妹們的關愛與溫情，因為有大家的力量，透過彼此相互撫慰，接納失落的事實，漸漸找回她自我的價值與生存的動力，也讓她回到原來的生活軌道上。她非常感恩這一段過程有這麼多愛的陪伴，為了走出喪子之慟，她化悲傷為力量，讓自己生活豐富多元，同時告訴自己：「生命是有限、生活要無限。」

幫助他人是人的天性，正所謂「人飢己飢，人溺己溺」，當自己也遇過類似的狀況的時候，就會萌發想要助人的同理心，這樣的同理心是無分任何對象的，只要有人遇到困難就會出手相助。正因為自己遇過困境，甚至還可以走出困境，基於同理心會想要幫助和自己一樣遭遇的人度過難關，如果自己本身還有專業，甚至還可以發揮一己之

長協助他人度過當前難關。

於是，她帶著這份同理心與大家的愛心，開創出自己不同的人生、經營起自己不同的生活，重享屬於未來的天倫之樂。她也期盼大家活好每一個當下，活出生命的豐富力，自在歡喜順心地過好每一天。

## 用偉大的愛做小事情

有一棵樹木，當它還是小樹苗的時候，人們每天細心灌溉照料，照射充足的陽光，當小樹苗壯成長為一棵大樹，人們將它砍下雕刻成一座佛像供人膜拜，原本被人們照顧的大樹在變為佛像後，讓人們有所依託也帶來心靈的力量。

秀慧老師在經歷喪子之痛後，開始轉換心境，並思考人生這寶貴的一堂課。如同大樹成為佛像，以往受到大家照顧的孩子，以自己的生命的經驗告訴大眾：什麼是生命的可貴，什麼是時間的珍貴，生命是如此脆弱，一碰就會碎，每個人都應該珍惜所有，互相愛身邊的家人好朋友。

於是，她將對次子的思念，轉為內心的盼望，盼望同樣是年輕的孩子，懂得父母的付出，懂得珍惜與家人相處的重要，懂得把家人的愛放在心上是感恩。

她也奉勸這些年輕的孩子：「每當夜深人靜，大人們都已進入夢鄉熟睡之際，年輕人卻常常忘了該是要休息的時間，其實該要休息就要好好休息；年輕人也恣意地花費過多時間於線上遊戲；殊不知會耗

弱多少身體的資本而不自知，身體是要使用一輩子的，健康是多麼的重要呀！珍惜生命是何等珍貴呀！」尤其是二十到三十歲的年輕人，這是人生中最具決定性作用的十年，更是認識自己、培養學習和發展自己的關鍵期。

由於秀慧老師對年輕人的愛，深藏著無法言語的情感在其中，於是她也發願跟著德蕾莎修女的腳步：「這一生做不到什麼偉大的事情，我只能用偉大的愛做小事情。」

走過苦難，發現苦難本身並不可怕，若一心沉浸在苦難中，才是苦難不斷的根源，而一個擁有正向思考力能力的人，抱怨、低潮、壓力自然斷捨離！秀慧老師從小經歷大哥過世，次子離世，體會生離死別後，依然勇敢活出自己的光芒，所以她常常能夠給予這些年輕的孩子溫暖、勇敢的力量。

爾後她也更加積極，幫助大專青年學子學習成長，在生活上、職場上取得優勢。她以自身經驗分享：「心中有多少恩，就有多少福；心中有多少怨，就有多少苦。只要能活下來，就有翻身的機會。好好創造自己的未來。」

我們的人生中難免都要面對一些失望、挑戰、心碎、失去等等不容易的時刻，這些磨練反而培養出一些新的技能，發現自己更多的潛能。因為生命的意義就在於面對與解決問題的過程，這些挑戰能啟發我們的智慧，激勵我們的勇氣。她鼓勵年輕人要勝任每一份工作，最重要的就是態度，如果一個人沒有拿出「勇於任事」的態度，反而只是虎頭蛇尾，那麼想把工作做好無異於緣木求魚。「勇於任事」的態

度是什麼，簡單來說，就是負好自己的「責任」。

　　我們每個人都有一份很重要的使命，一旦許諾要做某件事，就必須要好好地把一件事做完，而非找藉口逃避半途而廢，那怕中途遇到什麼事，都要抱持著「貫徹始終」的心態。只要能夠真正為自己負起責任把事情做到好，自然有其他人會看見，不需要追求他人的目光。

## 打造百萬人脈存摺

　　李嘉誠曾說：「雞蛋，從外打破是食物，從內打破是生命。」透過學習，更是加速我們打破內心的框架，迎向時代的趨勢！

　　秀慧老師持續不斷學習的最大理由就是想擺脫平庸，早一天就多一份人生的精彩；遲一天就多一天平庸的困擾，因此，學習和成長一直是她生命中的核心。這個時代學無止境、學然後知不足，她覺得人生應該不斷地追求自我成長，挖掘自己的潛能，才能活出精彩的自己。她提到自己特別喜歡有學習性的團體，任何吃喝玩樂都要跟學習與成長的人事物放在一起，這也成就她豐沛的人脈資源。

　　對「脈」這個字的闡釋，可見於山脈、水脈、礦脈等等，這也是大自然蘊含的重要資源，讓人可有效充分的利用；而人脈則是指人際交往的脈絡，把人脈做最佳建構化也具有同樣的意義。秀慧老師認為建立好的人脈，就意味著可以獲得更好的人緣，為他人著想、互助互利有禮走遍天下，也可以得到更高的人氣。

　　人脈更是人類社會生命支援系統，常言說「一個好漢三個幫，一

個籬笆三個樁」，那一人成木，二人成林，三人就成森林，想做成好事，必定要有做成好事的人脈網路和人脈支持系統。

　　建立人際關係網絡，需要一個長期培養和維護的過程，好好提升自己能力，提高自己的「被利用價值」，把自己想像成一朵花，我們只管這朵花開的漂亮，只想著散發自己的光、熱和香氣，在範圍之內自然有人被「花香」吸引。杜月笙曾說：「不要擔心被人利用，能被人利用，那說明你還有價值。」要多想想自己能為別人解決什麼問題，幫助他人解決問題後的欣喜，讓別人認可價值後的快樂，那麼就離成功更近了。

　　秀慧老師自己本身就是一個最佳模範，25 歲開始創業，在社區開辦安親課輔班，從事兒童教育工作 18 年，陪伴自己孩子一同成長。後來接觸成人教育，對於婦女成長特別重視，也投入新住民社區的關懷工作。服務社會工作是她最歡喜的事情，因此有謝團長的稱號，透過幫助更多人，自己也能一同成長。

　　她不僅待人熱情有活力，做事也積極有效率，而且她的課程活動有創意，又具有正向思考能量，是一位善解人意、關懷助人的人。她協助學員打造全方位幸福圓滿人生，不管在學習成長、事業成就、身體健康、人脈關係、財務自由、溫馨家庭、慈善貢獻、物質享受，各方方面面上若能都順風順水、富足豐盛受人尊敬，相信這美好幸福生活是大家所期盼的。

　　在十倍速的知識經濟，技術知識迅速更新世代，光靠一個人的力量無法達成任務，懂得培養人脈網路的支援體系，構建自己核心競爭

力，成為有價值的人。

　　不過，秀慧老師談到人脈，她發現很多人對這個概念有誤解，很多人覺得自己沒有人脈只是因為出身貧寒，很普通的一個人，無所依靠，不認識什麼厲害的大佬，怎麼發展自己？

　　不！這只是一種消極思維，因為沒有搞懂「人脈關係的本質」其實，是用來解決資訊不對稱。發展人脈關係就是依靠自身的資訊優勢，透過專業經驗來解決別人的各種問題，縮短別人的時間，避免掉進坑裡，當把別人的問題解決了，人脈的資源也得到提升，財富自然也會增加！

　　她也提供拓展人脈兩大法寶，培養自信與溝通能力，再加上學習適時讚美他人的能力。而提升人脈競爭力主要關鍵，也是人際關係的基石是什麼呢？第一就是信任，當一個值得被信賴守信的人，其次是樂於與別人分享，把握每一個幫助別人的機會，以創意與細心誠心、關懷加碼人生「成就存摺」。

　　話說有好形象，就可耀天下；有好口才，就可行天下；有好人際，就可創造亮麗的人生。不管從事哪個職業，投資自己的能力都非常重要。一個人如果持續投資自己，不僅可以創造以至於發揮自己的價值，甚至還能夠創造更多拓展人脈的機會，一旦人脈關係拓展開來，甚至能夠讓自己發揮出更大的價值。

　　除了發揮自己的最大價值，投資自己之餘也要毫不藏私的將自己所學的一切知識分享給其他人。分享是利人且利己的事，如果我們能夠放開得失心將自己所學傾囊相授，不只能夠深化自己的知識，甚至

還能夠得到其他人的回饋與交流。

## 活出精采生命，培養品格發展

　　葡萄牙國寶級作家佩索亞曾說過：「除掉睡眠，人的一輩子只有一萬多天。人與人的不同在於：你是真的活了一萬多天，還是僅僅生活了一天，卻重複了一萬多次。」

　　確實，大部分人都反覆歷經著每一天，尤其是步入家庭的婦女，有些人在結婚生子後便全心投入家庭生活，不知不覺中就消磨掉自我，對於自己完全沒有自信，甚至會覺得自己本身毫無價值感。秀慧老師觀察許多人時常抱怨自己過得不快樂，不滿意現在的生活，但是在人生有限的生命，怎麼能不把握時間，活出自己的精彩？

　　秀慧老師分享道：「生命如此地短暫，我們沒有時間去互相爭吵、責備，時間只夠用來愛，愛自己、愛家人、愛這個世界、愛身邊的人、事、物，讓生命不要留白！」因此，她認為每一個生命，都有去追求極致綻放的權利，即便我不美、我不富裕、甚至我不健全，但我的內心是可以豐盈和完整的。對於一個愛自己的女性，一定要有經濟獨立的能力，既可增強自信心又可擁有生活自由度及安全感，生存能力與學習創新的養成格外重要。

　　每個女人都是擁有自己的光芒，秀慧老師提出建議若是一位媽媽，要想培養優秀的孩子，就要先提高母親的自信心與能力，因為母親對一個家庭有著決定性的影響力。對女性來說，事業和家庭就像老鷹的雙翼，只有力量均衡才能展翅高飛。如果不能把自己所處的社會

和家庭結合在一起，不能積極愉快地生活，那麼整個家族、一個家庭包括丈夫和孩子都會受到影響。

成為父母的人，不能無條件為孩子犧牲生活，所以她也提出最重要的關鍵在於如何能夠成為孩子們的引導者，幫助他們看到未來、走上屬於自己的人生道路。要想成為最好的引導者，應該始終在學習、進步，充實自己的人生，生活的態度和世界觀影響到未來。父母首先要思考自己的人生目標，為了目標，計劃好自己的人生，日積月累，始終進步，並有能力去幫助和影響他人，方能成為孩子的好榜樣。

年紀輕輕就開始創業的秀慧老師，一路走來，深知增長自己的能力和才華目標，使自己變得強大起來，活絡腦袋創意思考讓口袋有深度有豐富地鼓起來，這樣生命自然才能影響下一代。所以，她不只要培養自己的才華，更要注重養成品格，成為喜歡幫助別人的人。

她談到自己有一個良好的習慣：「只要我有念頭浮現在腦海時，千萬不要只空想，最好有紙筆隨意寫下來，不要設限想到什麼就寫什麼，留下一些紀錄就可以開始行動起來，那麼每天都是一個轉捩點。」

秀慧老師認為，用美麗的思想去體驗生命的愉悅，用平常心做平凡事，人生就是非凡。看似挫折失敗的當中，你我都能藉此提升自己，當作成長的契機，你只是需要突破框架和勇氣，你所經歷的都會成為美好的祝福。

品格的魅力每每讓人感到震撼和驚喜，一個有才華的人會有自信，會讓整個人看起來熠熠生輝；而同時擁有高尚純潔品格的人，所顯現的光輝才會散發和蔓延，更會照耀到他人。才華像是蒲公英的花

朵，而愛的品格就是微風，風吹過，蒲公英的小傘才會在空中翩翩起舞，飛到四面八方把種子播下。

熱心婦女成長的秀慧老師，也屬教育部家庭教育專業人員與樂齡教育講師，參與教育部火炬計劃的新住民關愛計劃專案執行人員，輔導不少年輕的外籍配偶。她經常鼓勵她們「守住原動力」，堅持下去，先學習語言，再一步步融入社區，成為一個自立又幫助他人的生命。

記得，她在從事輔導工作時，遇到一名越南女子，20 歲就嫁到台灣，沒有想到 3 年後丈夫去世，她的辛苦與痛苦是很難想像的，也影響到孩子的生活與教育。秀慧老師回憶說，2002 年前，台灣人並不是很能夠接納外籍配偶，慢慢才開始將她們當成自己的家人與朋友。

輔導新住民的經歷，讓秀慧老師感觸良多，她深深體會到新住民的苦與樂，也感受到台灣人開放心懷接納他們，體現著越來越多元文化的特色，包容一個外籍配偶，幫助他們重獲生活價值，貢獻社會。

## 世界夫人選拔，提倡心靈的提升

年輕時秀慧老師很肯定又自信，相信月下老人所牽起的紅線讓她幸福洋溢在臉上。結婚後，她感到有些不公平，為什麼男生婚後可以住在自己熟悉的家，而她卻半夜常常因為想回家與想媽媽而哭泣，這使她嚮往起以往單身的生活。後來有了孩子，她想應該日子就會改變吧！然而，她還是感到氣餒，因為結婚且有了小孩後，自己的時間跟心思全部都都孩子佔據。

　　秀慧老師告訴自己，孩子們還小，如果他們長大了，一切就好些吧！但她仍然感到惶恐，因為孩子們進入青春期後，她必須更加關懷注意他們的一切，心想當孩子渡過了這段青澀時期以後，就會真正有屬於自己的幸福吧！

　　原本以為可以和先生一起攜手，共同面對孩子成長的教養與家庭生活的一切，實際上卻因為先生工作的關係，需要遠派調到中國大陸工作四年。此時，秀慧老師開始明白，生活的道路上總是佈滿障礙，需要一步一步的經歷挫折，需要完成一些工作，需要付出時間，需要付出金錢，這樣生活才能開始。

　　秀慧老師這才了解到，生活是一連串苦難磨練出來的，障礙也就是生活吧。當她獨自勇敢、獨立、接受、並面對家庭生活的這些年期間，終於清楚地明白一件事，原來很「堅強」的人背後，是多少的淚水、多少的辛酸、和多少的取捨所建構出來畫面。

　　2010 年秀慧老師拜讀《不朽的榮光》，在書中看到多位女性企業家的生命歷程，用堅毅精神對國家社會服務貢獻，她深受感動，開始參加世界華人工商婦女國際性社團，期許自己能讓所有婦女能成為世界閃亮的星星，用希望之光去照亮自己與他人，用愛去溫暖這個世界。

　　於是她在世華二度擔任起會長的職務，秉持「心懷世界、掌握脈動、建立網絡、發展經貿」的宗旨，懷抱「大愛無國界」的心念，積極投入世界各地的急難救助與慈善公益。在這十多年的日子裡，秀慧老師投入心力，結交優質的女性企業家好姊妹們。她開心道華星分會有非常多優質活動，大家同心協力將一個個夢想化為真實，在 2019

年泰國年會上，由當屆秀慧會長帶領姊妹，熱情奔放的演出「比天鵝湖還快樂的天鵝湖」舞蹈表演，就深受海內外姊妹們喜歡愛戴。

傑出女性不只是在職場上，也可以在社會公益上有眾多貢獻，她非常感謝在世華這些年的提攜栽培，大家能共同創造生命豐盛的無限可能。

現在的秀慧老師，生活中仍然充滿著挑戰，體認到只有戰勝自己的心魔，接納不完美的自己，就是對自己慈悲。當她放慢腳步且輕柔的呼吸時，就能發現自己原來是有個人特質與潛能的；秀慧老師最喜歡分送快樂與樂觀給每一個人，看到身邊的家人、好友，感受到溫暖在心頭微笑，「能讓您更好，是我開心的事」。

就是這樣的特質，在 2021 年她獲選 WORLD MADAM 世界夫人「最自信夫人」。

WORLD MADAM 世界夫人主要宗旨在鏈接世界各地在政治、經濟、科技、文化等領域富有影響力的已婚女性，希望喚醒、鼓勵更多的已婚女性在為工作、家庭、下一代辛勤付出時，學習如何正確地關愛自已，透過傳播健康、美麗、愛心，樹立更多幸福女主人榜樣力量，進而關心和參與社會公益活動，幫助貧困、殘障婦女兒童，共同為促進「全球家庭共享和諧與幸福"願景和目標而不懈地努力。」

彰顯全球已婚女性魅力的世界夫人選拔，不以外貌、身材、才藝等侷限角度作為評選考量，而是以多維度、多元化、包容性以及其社會角色來定義夫人的成功與成就。其中特別關注公益慈善與健康兩大議題，這其實也跟秀慧老師的生命經驗有相當大的關係。她平常所服

務的社團與教學經驗，都在在顯示她對這兩大議題的關注與成果。

她認為生命的追求在於心靈的提升，而非物質的技巧。

我們其實已經擁有「幸福」，只是要讓自己學著去擁抱既有的「幸福」，不要讓「欲望」變成人生的束縛，因此在身心靈這三個層面上有不同的目標：

**身，健康層，必要、安。**

**心，感情層，需要、定。**

**靈，精神層，重要、修。**

當我們洗淨自己內心的塵汙，放下自己的情緒與負面能量，自然能夠回到光明的一面。積極提升我們的身心靈，也能將更多人帶往幸福美滿的人生，讓善循環在這個世界轉動起來。

揭開命運真相
發揚中華文化

Profile

陳宜禮

講師簡介

舞易術文化公司 執行長
上海儒尊管理諮詢公司 執行長
中國教育培訓業十大品牌培訓師
2015、2016 台灣風雲講師

**專長領域**
　專長：姓名學、紫微斗數、陽宅風水、測字、占卜、心靈課程、
印章篆刻、對聯創作

**演講或課程主題**
　風水、姓名學、紫微斗數、測字、舞心五行心靈課程

**演講經歷**
　永豐銀行分行、台大保經分處、飛龍旅行社、百福藏倉百和會
館、扶輪社、同濟會、台灣菸酒公司林口廠、雷神講座、馬來西亞
智創公益、萬芳醫院、寧波舍學會、廣州溪谷美遇公司、杭州金暉
雅閣諮詢公司、七堵天后宮、測字案例超過一萬例

**聯絡方式**
　電話 0911-982-392
　信箱 cooper1822t@gmail.com
　Line:182200cooper
　WeChat:cooper1822t

在這個資訊爆炸的年代，資源與知識唾手可得，卻讓人變得不知如何選擇；如同命運的大海有無限多種可能性，每一個決定都有不同的機遇。我們該如何跳脫命運的框架，體驗多元且精彩的人生？美國著名文學家愛默生：「人的一生就是進行嘗試，嘗試的越多，生活就越美好。」生活有很多面相可以探索，跨出舒適圈，你將遇見一個全新的自己。

一個人行業的跨度有多大？早上是穿著吊嘎與拖鞋的菜販，晚上是西裝筆挺的講師；在市場拿著鐮刀、在工作室拿著篆刻刀、也可以拿著毛筆寫春聯，更可以拿著羅盤看命看風水，這是蔬菜物流的總經理、舞易術命理學苑的創辦人陳宜禮。

## 跳脫生命的框架，感情更融洽

　　宜禮老師來自一個單親的家庭，是家中最小的孩子，由於他從小沒有母親在旁照顧，很早就必須學會獨立自主，並且需要分擔家務，這也塑造他獨立思考與努力成長的個性。

　　做過各式各樣的代工，工作經驗非常豐富的宜禮老師，因緣際會承接了蔬菜物流的工作，每天在市場看著形形色色的人，發現市場的前輩們一輩子在市場工作，每天的生活都是一成不變，早上起來工作，下午休息睡覺，偶爾放假出去玩，日復一日，年復一年。因此他開始反觀自己，發現看著前面的前輩，可以預見自己二十年、三十年後自己的樣子，於是開始靜下心來思考，自己想要的人生是什麼？

　　「不想我的人生只能這個樣子。」很多人都出現過這樣的念頭與聲音，而唯一能改變的方法就是：勇敢地跨出去！

　　宜禮老師首先從夫妻生活開始改變起，由於兩人在市場共同經營蔬菜事業，在同樣的環境中，讓他們變成了沒有新鮮事可聊，摩擦日漸明顯。眼看這樣的狀態一直持續，於是在老婆懷第二個孩子時，就讓太太辭掉工作回家待產，並且也有了自己的興趣與事業發展，如此一來讓兩人的生活圈擴大，也保持生活新鮮度，感情變得更好。

　　談起宜禮老師的命理之路，其實是無心插柳柳成蔭。宜禮老師會進入命理領域，是因為妻子去學習命理後，鼓勵他一起學習，因而他發現了自己這輩子的天賦與使命──命理；而有趣的是宜禮老師先去體驗普洱茶的課程，間接地也協助老婆找到她的興趣所在，現在彼此都在自己的領域裡面深耕。這件事也讓他體悟，先支持別人活出自己，

願意陪伴與祝福別人，這樣的愛最終也會回流到自己的身上。在婚姻的這條道路上，互相成為了彼此的引路人。現在結婚二十年了，出門仍可以手牽手，別人看到還以為是正在熱戀中的情侶。

宜禮老師在命理的個案中，看到非常多的家庭，夫妻雙方各做各的事情與興趣，而沒有參與對方的生活，甚至要求對方照著自己的意思生活，面對這樣的狀態，一般覺得都是對方的問題，讓兩個相愛的人，從相交的兩條線，漸行漸遠變成平行線。

宜禮老師覺得夫妻就是在同一條船上，不一定要做一樣的事情，但可以互相了解、參與、讚美、支持雙方的興趣與專業，解決問題只能從自己改變起！心態先改變了，行為自然改變；行為改變了，相處模式自然改變；相處模式改變了，命運自然改變。


## 知命但不宿命，相信但不迷信

「知命但不宿命，相信但不迷信」，宜禮老師透過命理、測字的志業，協助了非常多人提升自己的人生。他認為知命不宿命，是一種積極的生活態度，有些人「相信」宿命論，認為一切都已注定，自己做什麼都沒有用，這就是「迷信」──沉迷於自己的相信。

命理術數類別不少：如紫微斗數、各式卜卦、八字、占星、姓名學、奇門遁甲……等等，都各有學理上的功能與應用。「測字」是屬於「文字共同意識」，在測字中顯現出你所問之事的緣由，並指出未來可能的發展，以及我們所需要面對的人生功課。而「測字」占卜則源自於古代中國人對文字的崇敬和信仰，認為每一個漢字都有其獨特

的含義和能量。

宜禮老師從 2010 年開始學命理到測字，累積了非常多的案例。「測字」又稱為拆字、破字與相字，是中國占卜的一種表現形式。測字始於周、秦，盛於唐、宋，透過拆解組合文字解釋心境的方術。

「測字」是中國文字特有的文化，作用就和占卜一樣，藉著拆解文字的方法來預測占問事件的吉凶成敗，舉凡升官、健康或考試等等，都是常常被占問的事項。宜禮老師透過多年「姓名學」的研究發現中國文字的奧妙及美麗，運用「十二地支」與「字」組合而成新一代的輕鬆入手「測字占卜法」。

時常有客人來找宜禮老師占問：「何時能達到想要的成果？」

他的回答：「如此問問題是『消極』的，因為你只是在等待，等待時間到達來接受成果，但萬一要很久很長的時間呢？」

因此宜禮老師會建議客人可以換個問法：「如何」加強達成目標的方法、可能性、方向與建議？如此占問方為「積極」，也才能得到有效及能用的建議。

想改變的心，是命運改變非常重要的關鍵！當你願意跨出舒適圈的時候，就會發生一百八十度的大轉變。

宜禮老師也分享了在協助個案測字中遇到例子：有女生來問姻緣，想詢問為什麼一直遇不到自己的真命天子？於是請個案依著靈感寫下一個字，寫了一個「婷」字，左側的「女」字邊偏小，是右側「亭」的三分之一，且右側的「亭」寫得很類似「高」，宜禮老師連接了靈感並與當下的狀態去做分析，跟個案說：「是你的標準太『高』了，

而且你一直『停』（音同亭）在女生的旁邊，跟閨密很好，沒有真正放心思去接觸異性……」，而個案在此時也驚呼自己寫的字已經透露一切的訊息，而狀態真的是這樣，一直都沒有注意到。從寫字的字相中，就可以給出很多的建議。

宜禮老師也將自己多年的實戰經驗傳授給大眾，上課時輕鬆風趣的風格，讓人更加容易了解中國文字之美！他談到一剛開始硬著頭皮教學生，然後開始鑽研怎麼讓學生可以用邏輯及系統性的方式學習知識，在學中做、做中教、教中學，這個時期無形間也提升了自己的能力，所以「教學相長」真是學習最快速的方式了。此外，為了要招募學生，也開始參加社團，認識了非常多的好朋友與貴人。他從菜市場的圈子，跨足社團的圈子，生命的維度與廣度，因此而擴張與延展。

## 命運如洋蔥，一層層剝開真相

命理是宜禮老師一生的志業，他從命理界跨足講師界，透過經驗協助別人，更希望透過一己之力，把中華文化發揚光大，他讚嘆到「中華文字真的很美」。中華文化已經超過五千年的歷史，博大精深、淵遠流長。

文字是我們日常生活中一直在使用的智慧，文字也是一種能量，寫字有字相，走路有體相，摸骨有骨相，聲音有聲相，所以世界萬物都有相，只要舉的出例子，都能歸類到五行之中，有五行就會有陰陽。

宜禮老師表示命理是有規律可循的，也是這些規律與道理，在面對個案時，能給予他們很多建議與方式。持續一步一腳印的累積，在

2022 年，受到濟公師父指引，請宜禮老師去幫別人卜卦義診，而過程中也受到很多測試，看看他所講的是否跟神明給的訊息吻合。

他回憶道，有一位媽媽帶著孩子來問事，孩子是位護理師，但覺得很迷惘，因為自己現在所做的一切，都是為了要滿足母親的期望，而不是自己想要走的道路，當時協助這位孩子測字給予建議後，她終於打開內心的限制，知道自己想要做什麼了，而在旁聆聽的媽媽也是淚流滿面，原來自己無意中給了孩子這麼大的壓力！

也曾有另外一個失戀傷心欲絕的個案也在命盤諮詢之後，回傳了一段訊息：「我一度以為我的人生就是這樣了，感謝你讓我重新找回人生的希望。」這真的是身為命理師最大的反饋與認可，更是身為命理師最大的價值，給人希望而不是給人絕望！

當宜禮老師接觸命理越來越深入，不由得讚嘆中華文化的智慧博大精深。一個字就有不同的形音義，就像做一幅畫一樣，中國字很有趣，例如與吉祥字同音的幾乎都有反面的意思，例如「富」貴的富，同音就有「負」面的「負」；高貴的「貴」，同音就有跪下的「跪」；吉祥的「吉」與著急的「急」。所以中華文化老祖宗的智慧就在告訴我們「禍福相倚」，有好一定就會有壞，陰陽協調就成了「太極」，陰陽不協調就成了「太急」。

命理就是一層一層的抽絲剝繭，就如同洋蔥一層一層的剝開，可以見到其真心。他也表示，命理占卜能在人們當下彷徨與無助時，了解問題發生的原因，與如何做出更好的選擇，來讓事情的走向變好，但是不管是用什麼樣的工具，都不能代替科學方法和理性思考，只能

作為一種參考和輔助工具。因此需要保持冷靜和理性，並結合自己的實際情況進行分析和判斷。

宜禮老師持續不斷的在命理與測字的領域深耕，如今測字的案例已經累積上萬，有文字記錄的案例至少有破千個，如此紮實的走過，感受到中華文化與文字的博大精深。中間也因為響應抄經，為了寫的字能更好看，就找尋「驚鴻一撇」李宣鴻老師學寫字，開啟了寫字之路。有一年自己臨摹了老師的春聯作品，沒想到卻在朋友圈引起了迴響，也開啟了春聯與對聯創作之路。

有意思的是，有一回跟著老婆去木柵拜訪勝水號茶館主人喝茶，發現呂館長的篆刻作品非常的漂亮彷彿藝術品般令人驚艷！也剛好寫了春聯要落款，所以便開始跟館長學習篆刻，而這又是一個由太太引路的一個興趣，再一次地體現夫妻互相支持參與對方興趣的重要性。

篆刻，顧名思義，即是用小篆書體刻成的印章，是一種實用藝術品，從古至今已有二、三千年的悠久歷史。宜禮老師的這些作品不僅體現了篆刻藝術的技術和創造力，更深刻地傳遞了中國傳統文化的精髓和內涵。他也獨創了一套「四靈紫微十四星宿」套印，冀望能透過這些印章作品向更多人傳達紫微斗數的價值和意義，並且展現中國傳統文化的美學價值和藝術魅力。

宜禮老師表示因為自己走過這個路程，經驗豐富有底氣，從測字、寫字到落款，成為自己專屬一條龍的服務，真心想用自己的經歷分享中華文化價值，其智慧非常不可思議，他鼓勵華人要真心的讚嘆、研究並且學習中華文化。

## 命理結合身心靈，由根源轉換命運

　　宜禮老師說：「人生就是努力讓自己能在命盤中保持高分，命理能助人提高分數。不過，人們很容易因為頑強、固執、憤懣……等舊習，讓分數高低擺盪不定，所以後來我去學習身心靈方面的課程，以助人找到自己的初心，這是很重要的。」因此他除了命理，也持續不斷成長，學習心靈課程。

　　有了測字、紫微斗數的「矛」，可以協助每個人去看到問題、突破盲點，並結合心靈成長的「盾」，來圓融與包容，利用很多不同的手法，去協助個案解決問題。這是為什麼宜禮老師把自己稱為命理

印章—四靈紫微十四星宿套印

「心」導師，他也自創「4D 五行占卜課程」，在客戶面臨「矛盾」時，能夠妥善解決疑難雜症。他並非只是用命理這個工具診斷或評論好壞，而是用命理邏輯告訴個案，自己是怎麼一步一步推斷出這個結果的，讓個案了解其根本，而知道要從何處著手去調整。

透過這些工具及方法，讓他們能更深入地看到自己問題的根源。也是因為這樣，個案不只知道發生了什麼事，也可以知道要怎麼改變，並且願意主動去改變，走入自己的內心，並與之深層的溝通。帶著個案一步一步地去釐清自己問這個問題背後的原因，與自己真正想要及在意的事情是什麼，他也會給客戶一個觀念，不是所有事情去詢問有個解答就好，而是對於這件事情的發生，要有心理上的理解與明白所謂的原因跟結果。

宜禮老師表示人還沒有跳出自己的框架的時候，也只能給建議，不然改變不了他，命理諸多工具也只是協助，如果所作所為還是一樣的，就算是算了再多次命或風水再怎麼調整也沒有用。所以在最根本的角度上，心態不改，命運是無法改變的！

有人說：「三十歲以前的人生是父母給的，三十歲以後的人生是自己創造的。」

宜禮老師分享自身經歷，不管原生家庭、生活背景、父母感情如何，或單親與否，不一定要複製前一代的模式。雖然自己的父母親從小分開並早逝，但是他現在已結婚二十年，感情依舊甜蜜。永遠不要把自己的原生家庭的背景當成一個藉口，一切都是自己的選擇，如果你願意去成長與改變自己，就不會用舊有的模式、行為與態度去面對

事情與經營現在的生活。

　　人生總會遇到失意、失誤、失勢或失敗的時候，我們都曾經感受過「絕望與無力」，好似颳起一陣強風把我們重重的擊倒，甚至提不起勁做任何事情。然而，有些人就很快恢復了，並且能夠用堅強的毅力，轉凶為吉，變得更好；有的人發出絕望的哀號，過了幾個月還垂頭喪氣，這兩種人區別在哪裡？

　　答案很簡單：區別在「心態」─選擇「積極」思考的人看待任何狀況只是暫時有問題，對將來仍然寄以厚望，對事業前途看好，縱然情況不好，用盡一切努力和毅力來面對困境，而選擇「消極」的人，對將來沒有絲毫的期望，因此放棄努力，也沒有產生毅力來解決問題。

　　「積極」和「消極」都是一種「選擇」，你是「選擇」的主人。一路走來，宜禮老師最明顯的改變就是自己的脾氣變好了，曾經自己也是個火爆浪子，但透過這些年的學習與成長，尤其是現在跟親子之間的互動，在自己有情緒時，會開始覺察，懂得用另外一種方式去面對及處理。

　　因為小時候單親，父親年紀也很大，很小就開始工作，做過大大小小家庭代工之類的工作，所以工作的經驗很多，個性相對也比較獨立。在自己的人生經驗裡，覺得小孩子真的要讓他吃苦，這不是要讓他受罪，而是他們在這些經歷中，可以趁父母還在身邊的時候，學會很多事情。

　　當自己的女兒想要去打工的時候，宜禮老師大力支持，而當女兒工作回來說很累，抱怨的時候，宜禮老師很開心孩子們透過身體力行，

而知道生活的辛苦，也因此會懂得更珍惜現在眼前的所有。

## 累積善念福報，順利度過疫情風暴

　　宜禮老師表示自己是很有福報、受老天疼愛的人，尤其是在蔬菜事業，二十四歲時在跑十五噸大貨車，每天彰化與台北之間來回，跑了三年多，因緣際會接手了一位準備退休老闆的通路，也接手了他之前的固定客戶。而員工跟著他十幾年，把客戶都照顧得非常好，讓宜禮老師游刃有餘的專注在命理專業上。

　　疫情這三年，很多同行因為餐廳無法內用，都造成很大的影響與損失，但因為宜禮老師有很完整的冷凍食品工廠、還有長期合作的餐廳，儘管餐飲業內用的業績掉了五成至六成，但冷凍食品的業績卻是相對提升。疫情對他整體業績影響不大，宜禮老師覺得員工好、客戶好，自己真的是老天眷顧有福氣的人。

　　好運源於自己也把好運送給別人，宜禮老師在年輕約莫二十五歲時，在世界展望基金會資助了六個小孩，持續不間斷地捐款到現在。而他在學習書法之後，也義賣競標親寫心經一幅，將所得全數捐贈南投民和國中。長期投入各式公益，這些所累積的福報資糧，不只協助自己的事業在疫情期間仍穩定成長，而這個福報也回到自己小孩的身上，所以持續不斷的累積福報及正心正念，都會回到自己的身上。

　　宜禮老師很常在課程中跟學生分享，種福田很重要，福田就是紫微斗數裡的福德宮跟田宅宮，福德宮是掌管陰德，過去累生累世所累積的福報；田宅宮掌管陽宅風水，有陰宅跟陽宅，選好的房子住。多

做好事、說好話、多佈施就是種福德，再把住家陽宅風水弄舒服，福田就把握好了。

佛家講三佈施分為：財佈施、法佈施與無畏施，很多學生或客戶會說：「老師，我們知道要佈施啊！但我現在就是沒有錢！等我有錢，我就去做。」宜禮老師都會告訴學生們，真正的佈施，不在乎金錢的大小，而是你的起心動念是什麼，人們常常覺得佈施出去就沒有了，但中國文字有趣的地方就在這裡，『佈施』等於『不失』！我們以為我們給出了叫做失去，可是其實並沒有失去呀！因為我們除了獲得了好心情更積累得到的是福報、好運氣！

宜禮老師回憶到在自己人生的路程中，也常遇到挫折，但很多時候都能迎刃而解，想想過關很大的關鍵都是那些福報的積累，因此也鼓勵大家「莫因善小而不為，莫因惡小而為之」。

心經─義賣親寫心經

## 勤做基本功，由忌轉祿豐

　　宜禮老師透過自己親身的經歷，從市場大叔跨界暖心身心靈老師，同時又是專業的中華命理文化推廣講師，他認為每個人的人生都有不同的交集與關卡，但你的人生不會只有這樣子，不要侷限自己，生活有很多面相可以探索。

　　「勤做基本功，由忌轉祿豐」是宜禮老師名片上的文句，也是人生的座右銘，提醒自己也和拿到名片的人分享，不管做什麼事情，把興趣、專業深入鑽研是很重要的，紮實地做好基本功，並關注自己每一刻的心念的轉變。紫微斗數的「忌」，拆開來是「己」和「心」二字，會化「忌」成為挫折困住自己，其實都是自己的心，當轉動念頭，自然能鬆綁化忌！人生踏實的走，一步一腳印，去經驗每一刻的經驗化的經歷，擁有這樣的好心態，遇事定能化解，成為美好的人生禮物。

　　「勤做基本功」是不可避免的，所有的工作都是要透過「天天練習」才能夠累積實力。要做好「天天練習」這件事，除了要用心地向長官、同事等一切內行人和「書本」請教之外，還要更進一步虛心地向「良師益友」學習，在工作實踐中，孜孜不倦地「學習、思考、研究、練習」，不斷厚實各式各樣知識的功底，努力提高自身修養水平，做到這一點，成功就會向你靠攏過來。

　　宜禮老師也體認到生活有很多面相可以探索，人生不會只有一種可能，不要侷限自己，多方去嘗試並且投入，將會有所獲得。每個人只要願意跨出了舒適圈，在生活中多嘗試、多體驗，就像找到一顆原石一樣，持續地打磨與拋光，總有一天就會發光發亮，而成為一顆璀璨的寶石，不只綻放生命之光，也照亮身邊的人。

## 講師筆記

### 【舞易術 - 品牌源起】 創辦人／執行長 宜禮老師

從 2010 開始學習命理至今已經十幾個年頭，很幸運的，我能夠將一開始的興趣變成職業一直走到現在。一路走來，感謝許多的老師與客戶一路的相挺，讓我能繼續走下去。

但是在許多人的口中依然聽到為人詬病恐嚇的、裝神弄鬼的、故弄玄虛的、或者是被稱為迷信、無稽之談。到底是什麼障礙了大家對命理的了解呢？

答案通常都是：

命理是迷信呀！

命理那麼神，老師應該要賺大錢呀！

命理師是神棍會斂財怪力亂神！

我們常常遇到客人手抱胸坐在面前挑戰踢館，什麼都不說只等你說「準」確；我們常常遇到客人在 2 小時之間希望命理老師可以知曉過去及看穿未來。但命理老師其實跟醫生一樣，也要望聞問切、門診、複診⋯⋯一番才能看到「病情」再給出「藥方」。

我常常在想這些問題及現象，而我又能為熱愛的命理環境做些什麼？

於是，「舞易術文化」的概念就在我心中開始萌芽。

### 【舞易術 - 品牌精神】

我為公司命名「舞易術」乃是希望能透過輕鬆幽默的方式來「舞動易經五術」，在易經、五術的世界裏舞動、玩味、研究，來讓命理「舞易術」（台語諧音有意思）。

我期待在未來歷史悠久的中華文字及易經文化能夠讓更多的人了解並接受，甚至能運用在生活中，讓每個最親愛最重要的人都值得擁有快樂豐富的精采人生。

展現專業精神
傳承愛與價值

Profile

李培甄

# 講師簡介

中華華人講師聯盟第 10-11 屆財務長

中華華人講師聯盟第 12 屆培訓長

中華華人講師聯盟第 13 屆副祕書長

## 經歷

安泰人壽業務主任 83 年～94 年

永達保險經紀人儲備協理 94 年～迄今

29 年壽險資歷

美國百萬圓桌會員 MRRT 終身會員（12 屆）

國際華人龍獎 IDA 銅龍獎

中國星 CMF 銀星獎

管理客戶資產 30 億

## 講演主題

高資產客戶財務安全規劃

退休理財安心計劃

信託與保險

富過三代的秘密

教孩子理財

不動產傳承面面觀

保單關係人檢視

你的保險保險嗎？

## 聯絡方式

信箱：bettylee586@gmail.com

永不褪色的氣質女神奧黛麗赫本曾說：「當還不會演戲時我被叫去演戲，當還不會唱歌時我被要求唱《Funny Face》，當還不會跳舞時我被要求與弗雷德·阿斯坦跳舞——即便這些事我從來都沒有準備過，為了能做到最好，我非常努力地去學習適應這些事物。」

生命不是要超越別人，而是要超越自己，不斷摸索不擅長的事，才有機會成長。在保險商品不被普遍接受的年代，李培甄誤打誤撞的踏入這個行業，放棄原本進行的人生劇本，意外走出自己的一條道路，也帶動更多人共同成長，這是她始料未及的。生命不會等你準備好了才給你挑戰，她努力去面對，成就了一個又一個經典。

## 挑戰自我，進入人生新跑道

　　21歲，正是對人生充滿期待卻也茫然無知的年齡，正在就讀中文系的培甄老師原以為自己會順從父母的期望，走向教育領域，卻在大三暑假，一場實習經驗改變了她的命運；在表姐的引領下，進入保險公司。開始了解保險的意義和功能，她被這個完善的機制所吸引，這種可以幫助人們減輕風險、為未來規劃的方式，甚至能在各種狀況下救人於危難，對於這份工作可以為社會大眾提供安全保障所具備的宏大價值，儘管遭遇家人的反對，培甄老師毅然決然地選擇了保險業作為她的職業道路。

　　顧不得家人的擔憂，憑著一股信念，她開始了自己的保險業務生涯。起初，她只能不斷派發名片、訪問陌生商家，很快地，她便體會到業務工作的艱難。有個朋友甚至在拿到她的名片後，當場鄙視的把名片扔在地上。在另一次拜訪附近的商家老闆時，對方雖然願意聽她講解，卻在其中提出許多質疑和反對問題，在培甄老師一一找尋資料和解答並歷經了數十次的拜訪，最後被老闆一句「我老婆不會同意的」斷然的拒絕！

　　初入行的她，並沒有因此打擊了信心，反而是更加堅定，原本感到灰心的她，念頭一轉，雖然最終沒有成交，自己在這段過程中，學到了許多寶貴的市場經驗。沒過多久，她突然接到了老闆的電話：「現在可以跟你投保嗎？」她意外的問「為什麼？」，老闆的回答讓她震驚：「我剛剛出了車禍受傷了。」培甄老師不禁提醒老闆，保險的目的是在事故發生之前提供保障，如果等到事故發生才想購買保險，那就太

晚了。這次經歷讓她意識到風險無處不在，而且保險是無形的商品，很難讓大家了解和接受，她必須更加積極趕在風險發生前幫客戶做好規劃！現在，培甄老師在公司做教育訓練時，也常用這個案例告訴學員「生效的保單才是最好的保單」唯有保單生效了，客戶才真正有保障！同時，她也在心中告訴自己「不能因為別人的拒絕，忽略保險工作的重要性。」

在培甄老師一邊念書，一邊學習保險行銷的同時，一位同班同學主動找她購買保單，因為她注意到培甄老師平常對功課總是兢兢業業，相信她將來在工作上也一定會認真負責，因此她成為培甄老師的第一個客戶。由於這張保單讓她認知——她所銷售的不僅僅是一個商品，更是一份值得信任的終身契約。她向同學承諾：「我會為這張保單在這個行業堅持下去的。」這份託付成為了她在這個行業追求使命的開始。

在人生地不熟的異鄉，培甄老師著實面臨了許多挑戰，既沒有人脈，也沒有豐富的經驗。在過去沒有 Google 地圖的年代，她經常迷路，騎著摩托車翻閱手中的紙本地圖，不停地在陌生的城市中迷失方向。

當時還未有手機的發明，有次跟客戶約好時間地點，客戶卻沒出現，在無法取得聯絡的狀況下，心裡一方面擔心客戶會不會在趕來赴約的途中發生什麼事情？另一方面又想說會不會在她轉身離開後，客戶卻趕到了，等著等著竟然等上了兩個小時，終究客戶最後還是沒有出現，說不難過是騙人的，但她想了想，業務被拒絕是合理的，既然

選擇這條路，就要把拒絕當成家常便飯。

　　最令她刻骨銘心的一次經歷是被一個年輕女孩趕出她們家，原因是那女孩不想接受媽媽為她的安排，讓培甄老師來說明保險規劃。

　　被趕出客戶家門後，她在寒冷的冬夜裡，徬徨無助地走著，後來找到公用電話打給遠在台東的媽媽哭訴，淚水和寒風交織在臉上。媽媽心疼地建議她回故鄉當老師，但她堅守初心，堅信保險的重要性。儘管經常面對客戶的拒絕和不理解，甚至遭到親友的反對，放棄的念頭時不時浮現，但她的責任感驅使她堅定不移地前行。當我們追求一個有使命感的事業時，即使面臨困難，也能夠克服一切，並為社會大眾的福祉作出寶貴的貢獻。

## 深化專業，真心守護顧客

　　培甄老師一直在思考一個問題：為什麼這麼重要的商品和制度卻不被社會大眾接受，甚至遭到輕視和排斥？在一次與陌生客戶的對話中，她終於找到了答案。這個客戶是由陌生電話邀約來的，她問客戶：「大家都很害怕被保險業務員行銷，為什麼你會答應跟我見面呢？」客戶是一位研究生，他回答說：「我想看看保險業務員都是怎麼騙人的。」

　　在培甄老師詢問下，客戶分享了一個關於他父親的故事。原來，他父親曾經購買了儲蓄險，但是在浴室不慎滑倒受傷後，保險公司卻不予理賠。培甄老師詳細解釋了保險涵蓋各式險種，每一項險種的保障範圍不同，如果保單規劃內容與發生事故項目不一致，保險契約就

會在事故發生時無法得到客戶認知上的理賠，雙方產生誤解，這也是為什麼有些人會對保險帶有疑慮的原因。經過培甄老師的解釋，客戶立刻明白了保險的真正意義，並且請她協助規劃人生風險全方位的保障。

這時，她更加堅信一份正確完整的保單對客戶權益影響甚大，必須要仔細了解客戶的需求和背景，找到最佳利益才能推薦適合的商品。培甄老師明白，只有真心想要幫助別人，她自己才能獲得最大的幫助。為了提供客戶更好的服務，她不斷提升自己的專業知識，深入研究各種保險商品和條款。她深知，只有真正了解保險的本質，才能解決客戶的質疑，並在這個行業中更具信心。

在大型壽險公司，從初學到慢慢成長，11 年的時間在培甄老師努力經營下，已累積了 600 多位客戶，在這當下卻也發現了一個問題和隱憂，受限於單一保險公司只能銷售自家的保單，使得她無法對客戶提供市場上其他公司更有優勢的產品。

由於她始終把客戶的利益放在首位，培甄老師心裡想；對業務員來說，業績是一時的，但對客戶而言，保險契約卻是一輩子的，如果看到其他家商品更適合客戶的需求保障，她甚至會建議客戶向別家公司購買；但這並非長久之計，她了解到保險經紀人可以提供多樣化的商品，且是基於被保險人之利益代向保險公司簽訂契約，立場上相對客觀，經過慎重考慮後，為了能更多元化的為客戶服務，她決定轉戰到永達保險經紀人公司，展開新一段保險生涯！

## 堅持不懈，MDRT 終身會員成就解鎖

當時，永達保經洞悉了社會高齡化和少子化的現象，以及不斷下滑的市場利率。他們發現國內大部分民眾對於退休理財的觀念相對欠缺，近乎一半的人在退休規劃方面毫無預先準備。這預示著未來可能將面臨嚴重的社會問題。另一方面，戰後嬰兒潮一代正式邁入老年階段，由於他們經歷過窮困的時代，個性大多節儉樸實，並且累積了相當的資產。這一代人不希望子女像他們一樣艱苦，同時也正思忖著如何把財富傳承給下一代。基於以上因素，永達保經專注於退休規劃和資產傳承問題，聚焦的議題吸引了培甄老師的目光。

儘管保險仍然是她的主要領域，但在之前的職業生涯中，她主要專注於醫療、意外和風險轉嫁方面的保單。然而，轉投入到永達保經後，她的職業定位有了 180 度大轉變，她需要協助客戶進行不同方向的財務安全規劃。這樣的改變並非輕而易舉，原本自豪 11 年的經驗，在此時反而成為思想的桎梏。

通過不斷學習和平臺上的浸泡式培訓，她逐漸掌握了退休規劃的精髓。她明白到退休規劃不僅僅是存錢以應對老年生活，更是關於估算退休後的開支、預測未來資金需求、應對失能、長期護理和疾病可能帶來的意外支出。她開始認識到，透過保險工具來建立一個源源不斷、伴隨終身的現金流，才是對客戶最好的退休計劃。正是在這樣的信念下，她一次又一次地實現了 MDRT 的目標，最終達成終身會員的成就。

在全球龐大的壽險從業人員中，只有 5% 能成為 MDRT 的會員，

而這 5% 當中能成為終身會員的高標準者更是鳳毛麟角。MDRT 不只是一個評量業績的門檻與目標，更代表高素質、高道德標準的表現，MDRT 代表的成功和榮耀，是壽險人員職業生涯的里程碑。當她有幸親身參與素有「保險業奧斯卡」美譽的美國百萬圓桌會議之後，發現這個平台能讓參與者相互學習，在這場盛會當中，全球 70 個會員國的保險同業齊聚一堂，透過交流，激盪出更多的火花；在受到這股學習氛圍影響之下，每每讓培甄老師感動不已，會議期間安排的課程除了與工作相關的銷售技巧，更多的是分享生命的精采，而雖然各個國家文化不同，為客戶保護家庭，保全資產的意念卻是相通的。回國之後，她更加積極學習不同領域的專業知識，不論在財經趨勢、政府法規方面都廣泛涉獵，希望透過這些知識結合保險專業能幫助到更多的客戶。

她曾經面對一些專業投資的客戶，這些客戶關注的是投資回報率，對於保單提供的內容完全不感興趣。然而，培甄老師認為，保單所提供的保障機制和財務安全性是其他工具無法比擬的。她的信念就像一種宗教信仰，行銷時充滿傳教士的精神，底氣滿滿，對她來說，業績不是唯一的目標，更重要的是解決客戶最關心的問題。

隨著年齡和工作年資的增加，培甄老師陸續也接觸到高資產客戶族群，為了幫助他們制定全生涯的財務計劃，她需要更加關注細節，包括遺產贈與稅法、不動產移轉、民法的繼承順序，以及保單受益人的安排，無一不是專業的體現，錯誤的設計可能導致客戶的計劃受阻，甚至造成巨大的損失。

## 客戶至上，毋忘初衷

培甄老師提到，她感到很有成就感的案例之一，就是有一位客戶轉介紹她的阿姨，打算將退休金轉入保單，因為她單身一人，且哥哥姐姐的年齡較她大許多，她希望將資產留給哥哥的孩子們。然而，當她檢視阿姨的舊保單時，發現保單的受益人寫的都是法定繼承人。這樣的設計存在極大的風險，因為根據法律，萬一哥哥和姐姐比她早逝，在民法順位上就沒有法定繼承人了，這將導致她所有的保險金歸國家所有。培甄老師趕緊提醒阿姨，建議她更新受益人，以確保她的資產能夠如她所願地流向哥哥的孩子。阿姨激動地表示，認識培甄真的太有價值了！

COVID-19 疫情的肆虐，讓保險業遭受史無前例的衝擊，業務人員無法面對面和客戶做實體的拜訪，也因此無法拓展業績。在這麼艱難的時期，培甄老師持續聯繫關懷客戶，在這一年成功挑戰 MDRT 最重要的里程碑「終身會員」資格，她形容當時的心情不只是雀躍，更深刻體會身為壽險從業人員的使命感和工作價值，透過正確的工具替客戶轉嫁風險，確保人生每個階段的資產安全。

她表示 MDRT 是榮譽也是責任，所以非常感恩一路以來，家人和客戶的信任和支持，才有今天甜美的成果。看似是上台輕鬆領獎，其實背後是多少的淚水和努力，一切都是那麼的不容易，想到這些，培甄老師心中真的非常感動，也很激動，她分享自己「終身會員成就解鎖」的感觸：

還記得在新人班學習保險意義與功能的悸動，

還記得對壽險生涯第一個客戶的承諾，

還記得第一次辦理身故理賠的傷痛，

記得 2006 年第一次達成 MDRT，在美國年會上激動的哭了，

記得 2009 年在年會上許願能完成終身會員，

28 年的壽險生涯，並非都是順遂亮麗，但絕對是兢兢業業，

無論是風險保障、退休規劃、財務計劃或是稅務傳承安排，

每張保單都力求能達到完整完美，

客戶朋友和家人是我最強的後盾，

每當累了想放棄了，

想起您們對我的信任和愛護，

我就能打起精神繼續向前，

能夠走到今天，

心中是滿滿，滿滿的感謝！

終身會員的榮耀是壽險生涯的一個里程碑，

無關乎業績高低，

而是業績背後客戶的認同和支持，

承載著這份責任和榮耀，

我也將更加精進更加認真，

為客戶提供最最優質且專業的服務！

## 暖心陪伴，度過低潮

　　培甄老師談到自己的座右銘：成功從來就不容易，關鍵在於「想要」的決心！

　　在職場上是否具備強烈的「企圖心」，是成功與否的重要因素，很多人出身的學歷也許不高，也非出自名校或本科系畢業，但是，「企圖心」卻是脫穎而出的關鍵之處。有位記者請教連續 25 年成為百萬圓桌會議（Top of the Table）成員的吉姆・羅傑斯（Jim Rogers）：「你到底如何創造了如此不可思議的業務奇蹟？」吉姆・羅傑斯認為野心和雄心壯志並不等同企圖心，而是要把它轉化成日常的實際行動，劍及履及，言行一致的去實踐你不可思議的想法，再藉由時間的積累把它養成好習慣，才能說真正擁有企圖心！

　　充滿企圖心的培甄老師，二十多年來的業務工作中，低潮挫折在所難免，每當情緒低落、失去工作熱情的時候，她會選擇去找客戶朋友聊天。她說道：「每當與客戶朋友見面，看見他們對自己的支持，我就會覺得自己何德何能，可以得到此等的信任與交付」，她內心充滿了感恩，更堅定對客戶負責的承諾！

　　家人也是她很大的一個動力，出生在台東的她，從小就是乖巧伶俐，品學兼優的小孩，但媽媽總是會擔憂東、擔憂西的；出社會後，媽媽更頭痛她不走安定路線去當個國文老師，偏要在她照顧不到的異鄉，做沒有底薪的業務工作，雖然如此，媽媽卻一路幫助她。

　　曾經，陪著她挨家挨戶按門鈴找客戶，也曾和她一起被客戶趕出門，媽媽拜託她不要再做這份工作了，培甄老師回憶起這段往事說：

「因為媽媽捨不得我吃苦，但確定我的意志之後，她仍然用盡辦法的幫我度過難關。後來，在我低潮時，媽媽甚至鼓勵我，有那麼多客戶的支持，絕對不能輕易放棄，就這樣，我堅持下來了。」她非常感謝所有親友和客戶的提攜與支持，尤其是媽媽不管在初期幫忙轉介客戶或在遇到挫折時給予鼓勵，媽媽用愛一直支持著她，也在她功成名就時，以她為榮！

## 以愛與關懷為信念，追求成長與共鳴

培甄老師始終秉持著給客戶「最大的安心與幸福」的理念，站在客戶的立場上，以一份真誠的心，堅持著「心安理得」的行銷方式。令人難以置信的是，27年前成交的一位客戶，即便當時沒有行動電話，而且婚後搬到外縣市，彼此失去了聯絡，但這位客戶卻用臉書搜尋名字的方式找到了她，唯一的目的，就是要跟她說一聲「謝謝」，感謝當年的用心規劃，感謝那一份保障周全的保單。雖然歲月已久，但客戶仍然想要親自表達感激之情。

當培甄老師收到這條訊息時，她的內心也湧現激動的情感。她說道：「感謝客戶的回饋，讓我感到我的工作有了價值，我的努力和用心，換來了客戶的全面保障，也換來了自己的心安理得。保險是一份終身的契約，保險行銷不僅是使命，也是責任。謝謝客戶的信任！同樣，也感謝自己的堅持和努力！」培甄老師說：她一直以真實的名字在社交軟體註冊，也始終保持著相同的電話號碼，唯一的目的是要讓客戶一直都能在她的照顧之中。

　　培甄老師的努力沒有白費，在 29 年保險生涯中，除了不斷地提升自己的專業能力和服務品質，從風險保障、退休規劃、財務計劃到稅務傳承安排等各方面都能為客戶提供全方位的建議和協助。她也不斷擴展客戶群，從親友到朋友的朋友，從個人到企業，從台灣到海外，她的客戶遍布各行各業，包括醫生、律師、教授、企業等。她的客戶不僅僅是她的事業貴人，更是她的好友和家人。

　　她會定期與客戶聯繫，關心他們的生活和工作，並在他們遇到困難或需要幫助時給予支持和安慰。她也會與客戶分享自己的經驗和感想，因為她相信，保險不僅僅是一份工作，更是一份情感和責任。

　　培甄老師的成就也得到了業界和客戶的廣泛肯定。除了美國百萬圓桌會員 MDRT 終身會員，她還獲得了中國之星、國際華人龍獎等多項國際獎項。她和她的丈夫黃建霖也共同創建了自己的保險團隊，他們期許能夠有更多的力量來服務更多人，讓社會變得更加安定。

　　然而，隨著自己和丈夫共同打造團隊，培甄老師感到肩上的責任更加沉重。她深知自己在公司中的地位，是資深前輩，同時也有優異的成績，因此她理應肩負起傳承知識的責任。於是，她在 2017 年加入了「中華華人講師聯盟」，通過了嚴格的考核，成為一名合格的國際講師。

　　培甄老師表示，她參加中華華人講師聯盟的目的，是為了提升自己在保險業的溝通技巧和公眾表達能力，並且能夠分享自己多年的經驗和心得給更多的人。她認為，優秀的保險業務員不僅需要豐富的商品知識和服務熱情，還需要良好的教育訓練和演說才華，才能夠有效

地傳達保險的價值和重要性。在中華華人講師聯盟，她接受了系統化的培訓和指導，學習如何設計課程、製作教材、掌握聽眾、運用故事及調節氣氛等等。

　　培甄老師曾經參加中華華人講師聯盟和馬來西亞共同舉辦的海外義講，在300多個觀眾面前，儘管緊張，但最終她完美地演繹了自己的主題。在疫情期間，她還擔任了大馬保險大會亞洲壽險名師論壇的千人線上分享嘉賓。此外，她也經常參加各種不同領域的講座和活動，拓展自己的視野和人脈。她認為，只要擁有一顆願意學習的心，不論身處何地，遇見誰，都可以獲得豐富的收穫。

## 扎根本業，傳承知識，影響社會

　　經由專業和堅定無比的信念讓培甄老師在保險業中脫穎而出，她抱持積極和熱情的態度勇於跳脫舒適圈，不斷追求進步。就像著名文學家魯迅所說：「不滿是向上的車輪。」她力求自我突破，像海綿般吸取各種新知識和新事物，時刻渴望提升成長，她說道：「現今保險的市場再也不是靠人情成交，唯有讓客戶真正了解做規劃的目的，以及保險能為他解決自身的問題，他才會明確的做下購買的決定。」

　　期許自己能夠持續精進的同時，培甄老師也將多年累積的知識和經驗傳承給了後進，更用以身作則的方式展現她對事業積極的態度，因為她相信她一直堅持的這份工作，是可以讓自己和別人實現夢想的事業。

　　德雷莎修女曾說過「愛就是在別人的需要上，看到自己的責任。」秉持初衷的她，一切從「利他」的心出發，帶著愛與善念，為客戶服務，她不僅成就了自己在保險業的輝煌，更重要的是改變了許多家庭的生活，為他們帶來了安心、幸福和更美好的未來。從培甄老師身上我們學習到堅持追求卓越，我們也能夠成就非凡，改變人生，並對社會產生正面的影響，同時，在面對各種挑戰時，只要滿載著信心，一路向前，就為世界帶來更多的溫暖和希望！

走在香氣的道路上
建構身心靈的療癒

Profile

王俊涵

# 講師簡介

## 學經歷

中國文化大學國際企業管理研究所博士研究

政治大學 ESG 聯盟博士研究

中華芳香推廣協會創會理事長

中華華人講師聯盟認證講師 / 活動聯誼主委

景美醫院 / 輔大醫院芳香療法講師

2016-2017 年康寧大學企管科顧問

## 證照

美國 NAHA 國際芳療師證照

英國 I.F.P.A. 國際芳療師證照

德國 FORUM ESSENZIA 國際芳療師證照

澳洲 Australian School of Awareness (A.S.A) 芳療研習證書

體驗教育助理引導員培訓證書

英國策略動態分析國際證照

CIBC 國際商業策略顧問師

## 優秀事蹟

1992 年 實踐設計管理學院當屆「大專優秀青年」的榮譽。

2018 年 前往義大利 University of Naples Federico II, Naples
        參加 SOItmC& DEMI of the UNINA 2018 Conference
        國際學術研討會，獲頒【BEST PAPER AWARD】。

2020 年度 獲頒【Most AccessedPaper Award】
        https://www.mdpi.com/2199-8531/5/1/7

## 著作

《家庭芳香療法》

## 聯絡方式

sandraw6@gmail.com

　　每個人的背景不同，起跑點自然也不同，然而不管起跑點在哪，專注在自己的腳步上，掌握住自己的步調，當我們持之以恆，為目標努力而勤奮不懈，自然而然就會不斷進步。因為一個人並不是生下來什麼都有，能不能在原有的環境中，走出更美好的人生，這才是最重要的。

　　芳香療法專家王俊涵對自己的人生堅持不懈，為了要讓自己確實達成目標，她專注在自己目標上，也就是將心力放在必須要做的事情上。當她不斷實現自己訂下的目標，也發揮了自己的人生價值。

## 擺脫藥味，擁抱香氣

芳香療法的迷人之處不只是香味，更多的是能夠給予人們身心的平衡。透過植物天然的芳香分子，讓人們感到心靈平衡美好，並且協助人們擁有健康；這也是俊涵老師之所以專注在芳香療法的領域，並且致力推廣芳香療法最重要的因素。

2000 年因工作接觸到精油及芳香療法，開啟她在芳香療法的學習研究及推廣之路，俊涵老師至今仍持續積極推廣，讓人們的生活更加美好。對多數不懂精油療癒的人來說，芳香療法像是另外一個世界，所以俊涵老師不只是推廣芳香療法，更希望透過天然植物作為自主健康管理，提升人們對自主健康的意識，將自主健康管理的觀念散播到每個角落，希望在生活中，簡單就能運用精油做為居家保養讓家人身心健康，打造更好的人生品質。

俊涵老師從小就是個藥罐子，自小學以來不是頭痛就是胃痛，反反覆覆，長大後藥不離身，只要身邊沒有頭痛藥及胃藥就會焦慮，馬上要找藥局買藥；受到家庭傳統觀念的影響，自小身體不適就要去診所找醫生，並且長期服用藥物來解除身體的病痛。

曾經居住在加拿大溫哥華進修商業課程和英語課程的兩年期間，發生讓俊涵老師非常驚訝的一件事；當時發現自己有嚴重的感冒症狀，依照在台灣處理生病的慣例，立刻掛號當地的家庭醫生門診，沒想到家庭醫生很奇怪的看著她，那種感覺好像說感冒為什麼要到醫院看醫生？家庭醫師沒有開立任何藥物，只是囑咐她感冒就是要多喝水、補充檸檬 C、回家多休息，一個星期就會恢復；但習慣看完醫師門診後

就要吃藥的俊涵老師，門診後自己還是跑到藥局購買感冒藥服用。

　　這個事件對她來說，感到相當震撼，因為以往感冒生病就要到醫院並服用藥物，也由於自小長期依賴服用藥物，已經使她的免疫系統失調，每次感冒總是看醫生且服用藥物，費時一個月甚至二個月才會痊癒。俊涵老師自 2000 從溫哥華回台灣後接觸芳香療法，開始跟著國際芳療大師學習研究芳香療法，課程中應用天然純正的精油對身心的調養，一邊學習研究，一邊以自己做為案例，真實體驗不同精油對自己身心的療癒；這個過程讓俊涵老師的免疫力逐漸達到平衡，並且找到造成身體失衡的內在原因，芳療讓她由內而外改變，真正脫離用藥人生。

　　一個原本經常看醫生，只要一感冒，總是出入診所醫院好幾次，還是個習慣服用成藥的人，至今，已有二十多年，不再服用成藥，免疫力也提高；因為二十多年來她每天持續地使用精油，透過芳香療癒讓自己擁有健康的身心狀態，每天充滿正能量讓生活變得更加的美好。俊涵老師現在每天離不開使用精油，她特別感謝芳香療法植物精油，讓生活有天差地遠的轉變，並持續保持正能量以及擁有健康的身心，而身心健康就可以做更多的事。

　　受到芳香療法帶給她重要的影響，生活變彩色，如今，俊涵老師希望將植物精油帶給人們身心健康的美好散播出去，希望在香氣的擁抱之下，能幫助更多人，保養身體外，也獲得心靈的平衡。負面情緒也會影響身體健康，身心是結合在一起的；所以，俊涵老師積極推廣芳香療法，秉持著讓人生活將更加美好的信念，並視為自己的志業。

## 跟著芳香，前進取得德美英國際證照

　　由於對芳香療法的熱愛與熱情，俊涵老師抱著實事求是的態度，不斷的學習研究芳香療法及精油，她認為這樣才是對學生及消費者負責的態度。2000 年，自加拿大回國後，負責精油的產品開發與教育訓練，剛開始她透過德國提供的資料認真研究芳香療法與精油功效。2001 年，經由澳洲的瑪格莉特老師的啟蒙，開啟俊涵老師正式研究芳香療法，讓她對芳療有更進一步的認識。2003 年，跟隨德國老師學習芳香療法取得德國 FORUM ESSENZIA 國際芳療師認證，2004 年接連取得美國 NAHA 國際芳療師認證，緊接著，跟著英國老師學習芳香療法取得英國 I.F.P.A 國際芳療師證書。

　　由於對芳香療法的熱愛，在學習研究芳療的同時深切感受到植物精油在她身上發生的變化，在精油的世界中，俊涵老師持續不斷學習前進以取得德國、美國、英國的國際芳療證照。

　　俊涵老師認為專業領域，要透過正統的方法與方式去取得，她跟隨 Penny Price、Shirly Price 老師到英國及法國的普羅旺斯，學習芳香植物學與芳香植物精油的蒸餾，也跟著英國化學老師 Dr. Robert Stephen 學習精油化學分子。芳香療法除學習有關芳香療法的知識，還有植物學、藥物動力學、生理解剖學、嗅覺心理學及芳香照護等等。

　　長久以來，芳香療法在治療肌肉、皮膚、消化系統及呼吸系統失調等，各種身體不適之情況上，有顯著的效果，對於平衡情緒也很有功效。當心理和身體狀態失去平衡時，芳香植物可以揮發出其特性，協助身心達到平衡的狀況。在台灣，已有不少人體驗到精油的好處，

像是生活壓力大的職場人士，和身體機能日漸衰退的高齡長者，這些族群皆能從使用精油而得到調適身心的幫助。

很多生活上精油應用的實際案例是鼓舞俊涵老師持續推廣芳療的重要動力；令她印象深刻的案例很多，其中一個是有次搭乘十多小時長途飛機到溫哥華，班機上有個幾個月大的嬰兒在飛機上哭鬧著，一般來說我們無法阻止嬰兒的哭鬧，隨身攜帶精油的俊涵老師，跟嬰兒的父母說明後，拿出薰衣草精油在嬰兒的圍兜上滴上幾滴精油，一直到抵達溫哥華機場飛機上都沒有嬰兒的哭聲。多次感受到薰衣草精油使人平靜的功效足見一斑，這樣實際的生活應用案例也經常在俊涵老師身邊發生，更是俊涵老師推廣芳療以純正植物精油助人健康堅持的力量。

俊涵老師眼見許多人因為沒有慎選純正精油，也得不到真正芳香療法保養身心的好處，亦或是不了解精油，對精油有錯誤認知，無法得到大自然的恩賜，甚是可惜。見到這些現象，俊涵老師以自我負責的態度，要求自己鑽研芳療的專業知識，必須把精油的正確觀念及知識傳遞出去，也必須確保自己手上送出的精油都是純正的，才是對學生、消費者，以及自己負責的做法。

「負責」，是俊涵老師的處事原則，將工作或交辦事項完成已成為她的習慣，強大的執行力更是她工作上的優勢。俊涵老師認為，芳療帶給她健康的身心有能量去體驗生活的美好，希望在自己的能力所及，讓更多人了解、認識芳香療法香氣的世界。

由於俊涵老師本身熱愛芳療並且每天使用精油來調養身心，精油

的應用已融入她的日常生活，在多年持續的付出、研究與推廣之下，俊涵老師認為精油其實是現代人最好的身心保養品，她還結合了志同道合的中、西醫師及芳療師等，2015 年創立中華芳香推廣協會「中華芳香推廣協會」，希望透過協會的力量，將芳香療法的正確知識傳遞給更多民眾。

身為創會理事長的俊涵老師與協會團隊成員們都是累積數十年的芳香療法教學及實務經驗的專業講師，並結合西醫師、中醫師、營養師及學者的專業，推廣積極、正能量的健康生活，以期創造健康的身、心、靈生活。

協會與德國擁有 30 年專業精油製作廠合作，與世界各地上百的花農，以及蒸餾廠合作，從這些花農與蒸餾場世代累積下來的專業與經驗，打造出純淨、符合國際芳療有品質的精油。

在合作的 Spa 館持續做推廣教育訓練，透過芳療師的專業手法及植物精油調養身心，並將芳香療法的知識傳遞給顧客，植物精油療癒的作用提供人們達到全方位身心靈的健康，回歸平衡的健康狀態。

在 23 年前剛開始接觸芳香療法時，俊涵老師對於這塊全新的領域，跟一般人一樣也抱著懷疑的態度，然而，透過國際專業課程研究及不斷地深度學習、案例實務應用，取得多國的芳香療法國際認證；了解如何利用植物精油香氣來保養身心，俊涵老師不但脫離用藥人生，提高身體免疫力，期間她也分別在台灣、香港、馬來西亞及印尼各地講課，幫助那些想要了解芳香療法，卻不得其門而入的朋友。讓香氣像是無形的手，一一牽著她們，走進芳香療法的大門。

## 集結醫療力量，以教育克服困難

俊涵老師在開始推廣芳香療法時，遇到大大小小的問題，當時的時空背景與現在不同，精油知識普遍不及，比如：消費者無法辨別精油的純正，這些都讓俊涵老師在做推廣教育時，非常費力。不過，俊涵老師不辭辛勞，慢慢建立口碑，同時也與消費者密切的接觸，透過課程帶領她們感受、了解純正天然的精油，如何在生活中應用精油來發揮植物精油身心療癒的功效，逐漸打破一般民眾對於精油的誤解與偏差觀念。

芳香療法國際證照課程中，常用的精油高達上百種，光是認識精油，習得知識，每一張國際證照從初階課程到進階課程就要花上至少半年到一年的時間，俊涵老師不間斷的學習取得德國、美國、英國國際芳療證照，需要堅強的意志力、持續力及熱情才能完成。想要推廣芳香療法，她取得國際證照的過程，這一點的難度其實就非常高了。

再者，精油的好壞也是另一個問題。純天然的精油在照護的效果上顯而易見，但是，市面上也有不少人工合成、模仿天然的精油，這種精油不只沒有天然的協同作用，也無法達到身心療癒的效果。如果被錯誤的精油誤導，就會認為所有的精油都是如此，真正的香氣反而被人工的香味蓋住，先不提療癒身心，光是效果就有顯著的差距。所以在精油的「教育」上，一直是推廣芳療時要花很多力氣說明的問題。

即便如此，俊涵老師仍不放棄，一個人的力量或許很小，但是一群人的力量就能變得強大，為幫助社會大眾了解芳香療法的對身心的功效並善用真正純正的精油，俊涵老師結合中、西醫師及芳療師等，

透過「中華芳香推廣協會」舉辦公益演講及訓練課程，運用協會會員的專業力量，來推廣正確的芳療知識。

　　剛開始跟中、西醫師推廣芳療時，其實也有一定的難度，俊涵老師透過許多學者研究的文獻資料及論文報告，以科學研究資料，來說明精油的特性及療癒的功效，以科學的方式導入來推廣精油，明確的佐證資料，與醫師們一起推廣芳療的課程與公益演講。

　　同時，俊涵老師以十多年的芳療經驗，與德國專業芳療師研究討論，將幾千年傳統印度阿育吠陀的脈輪養生概念，結合複方配方精油，共同研發出脈輪複方系統精油，與脈輪複方按摩油系列。在這期間，她投入許多精神、物力與龐大的經費，就是為了想要提供純正的天然植物精油照護更多的朋友們，進行最有品質的芳療，讓每個人能以簡單的方式，來照護與保養自己的身心，讓人們可從內而外的健康，複方配方精油的研發也同時為環境保護，盡一份小小的心力。

　　在推廣芳療的這條路上，俊涵老師經歷過困難與挫折。在困境來臨時，她也會想起聖嚴法師的十二字箴言：「面對它、接受它、處理它、放下它」，在遇到困難與挫折時，不要想著逃避，要去面對。面對才能了解問題的所在，方能接受問題的發生，進而想出處理問題的方法。在處理問題後，不管處理的好或不好，都不要糾結，因為，這只是人生經歷的一個過程。

## 融於植物香氣，貼近靈性

　　投入芳療的研究和推廣工作多年，俊涵老師累積了豐富的學理與

眾多實際個案經驗，她越來越感覺到，如何讓每個人在生活之中都能感受到大自然的恩賜，一直是俊涵老師推廣的重心。雖然目前有許多的 SPA 業者在工作時都會搭配精油，但芳療也有一套完整的療程。芳療師透過專業技能及真正的芳療植物精油，可協助人們舒緩平衡各種身體和情緒上的問題，達到真正的放鬆身心療癒。

推廣芳療這麼多年，加上新冠疫情後多數人對未來焦慮及不確定，人們越來越重視自然療癒及身心健康，俊涵老師看好未來人們對傳統草藥、自然療癒的趨勢，但是要往這個方向前進，最需要的就是課程，而最難的就是教育，一旦觀念打通了，市場就會自動打開。

對於歐洲人來說，自古以來精油就跟東方的草藥一樣，精油無所不在，也是種生活態度。在中醫強調「食藥同源」，中藥既是食材，也是藥材。精油既有調養身心，也有促進自體修復的能力。在國外，精油知識對大部分人來說很多都有基本的認知。對於不懂芳療的人，芳療如同另外一個世界，如同《本草綱目》，不是每個人都能完整了解，一切都需要從頭學習。

從不會到了解，用自然純正的精油調養身心，俊涵老師費時四年多的時間，透過正統芳香療法專業的課程，跟著國際芳療大師學習研究並從實際案例研討中深入了解精油真正功效及應用方式，並取得多國的國際證書。她強調，如果想要幫助更多人，想要深度推廣，就必須要讓自己更加專業來傳遞芳療正確知識及資訊。

在學習芳香療法專業國際認證課程時，俊涵老師學的不只有植物學，還有精油化學、人體解剖、身體機轉、藥物動力學……等等，並

透過不同案例的身心狀態搭配不同的精油使用，讓案例恢復身心平衡及健康。芳療不僅僅是氣味，透過植物精油來療癒身心靈。醫學報告顯示，身體大部份的疾病與情緒有關，負面的情緒會刺激大腦神經，進而影響身體機能，造成不適。人生難免起起伏伏，當意識到負面情緒來臨時，可藉由精油的芳香分子，來幫助紓緩低潮或是負面的情緒。

　　因為芳療，俊涵老師不但可解決身心的問題，同時也以香氣的力量，去面對所有事情，對此，多年來在國際專業芳療課程的學習過程中她有很深的體悟，首先，就是「念力」。

　　「念力」聽起來虛無飄渺，對於人生的決定卻會影響左右，比如：老是擔心會生病，在這種設定之下，一定會生病，俊涵老師也親身經歷過這樣的過程，小學一年級的她期望自己可以因為生病接受到家人更多的關心，她假裝胃痛，小學四年級她成為真正的胃痛患者，每年苦不堪言，嚴重時要到醫院掛急診打點滴處理才能舒緩胃痛，所以在沒有遇見芳療的俊涵老師都是胃藥不離身。因為當人們在這麼想的時候，也就是在為未來做設定，朝所發生的目標前進。所以，改變原先的設定，朝「正向」前進，正向的念力設定會帶來正向的能量，同時也讓正向的目標發生。所以「念力」是個關鍵，俊涵老師提醒任何事情都要往正向思考。

　　其次，抱著積極樂觀的態度去面對所碰到的人事物。早期，俊涵老師在推廣芳療時，因為一般人對植物精油跟芳療不熟悉，她努力付出但回收不成正比是正常不過的事。但是，她並沒有因此退怯，反而以積極樂觀的態度去面對。因為，芳療幫助的，不只是處理表面上看到的身體症狀，還可以幫助他人解開深層的內心狀況。

　　現在全球逐漸發現身、心、靈與靈性的重要，尤其在疫情發生這兩、三年間，大家對自我健康的意識與議題越來越重視，大家會開始關心與關照身心健康，也會注意保護地球及維護環境。俊涵老師希望透過推廣芳療這個正向的過程，儲存更多的能量，帶動更多的正面循環，讓每個人擁有美好的身心狀態，讓自己更有力氣面對生活，才有力氣關懷服務社會。

## 集合眾人之力，散播公益種籽

　　在推廣芳療之際，俊涵老師也不斷服務社會，期許自己可以做更多；在推動國際市場的同時，也在進行公益服務，藉著贊助公益活動、擔任義工等社會服務，回饋社會。

　　2009 年開始，俊涵老師在南投、花蓮等偏鄉進行公益服務，雖然管理職務的工作非常繁忙，但她還是規劃好自己的時間，積極參與公益，她喜歡和團隊一起合作，和夥伴們完成目標，眾人一起努力完成目標的感受。除了參與扶輪社公益活動，俊涵老師還贊助偏鄉陪讀計畫，已連續四年為此活動的贊助及協辦單位；自 2004 年開始推動的「1919 陪讀計畫」，為經濟弱勢家庭的孩子設立課後陪讀班，提供免費課業輔導、品格教育、才藝訓練及營養晚餐，並延伸到對家庭的關懷，多年來，已累積資助超過六萬五千多個人孩子。

　　回想 2009 年第一次參加公益服務時，讓俊涵老師印象非常深刻，因為在台北地區，學生們的營養午餐各校都有剩餘很多廚餘的問題，當她與公益夥伴們來到彰化芳苑國中，跟校長一起吃學生營養午餐，

那一次，是她這一輩子以來，最難吞嚥的一餐。

　　一開始，當校長提到她們學校裡面都沒有廚餘，俊涵老師還很開心，以為這裡的孩子懂得珍惜食物，不浪費資源，很快地，她卻為接下來的內容感到哽咽。

　　原來，芳苑國中學生家長有很多都是外籍配偶、隔代教養，或是低收入戶，學生們會把中午剩下的營養午餐帶回家給家人吃，或是隔餐食用。在校長的講解過程中，俊涵老師的淚水不停地在眼眶裡打轉。她發現，原來城鄉之間真有這麼大的差距，而在很多時候，這種需要被看見的狀況卻沒有機會被發現。

　　此外，俊涵老師在大學時代就熱心參與服務性社團，因此獲得大專優秀青年獎項及優秀服務員的殊榮；延續公益服務，後來她在社會服務協會擔任無給職的秘書長職務長達十一年的時間。直到現在，一直在運用機會每年持續幫助弱勢。

　　多年來參與募集所謂「紅包計劃」，此計畫是由大學社團的學長也是私立學校的老師發起，由於在過年時，一些老人院，或是育幼院等弱勢的團體，他們的家人不在身旁，沒有機會收到家人給的紅包。於是，愛心紅包的募集，她們會在紅包上面寫上祝福的話，每個紅包裡是兩百元現金，只要一杯咖啡的錢，就可以在歲末年節對弱勢民眾付出小小的關懷。紅包金額雖小，卻十分溫暖。

　　俊涵老師說公益不用等到有錢再去做，而是任何時候都可以執行。在這方面，她集合眾人的力量，去做一些人人都能做到的事情，她很樂於跟大家一起做公益的感覺。俊涵老師希望透過她的棉薄之

力，可以激起大家心中的「公益種籽」，開始去關懷別人，她認為公益是「力能所及」，做自己做得到的事。同時，帶動許多人一起合作做正面的事情，讓社會充滿愛與正能量。

## 擁有「擴香」的力量

　　不管是芳療，還是公益活動，要去堅持並推廣一件事情，並不容易，需要極大的熱情與使命感，同時還要能夠承受高壓，並將這件事情當成是自己的志業去執行，俊涵老師非常清楚這一點。

　　年輕是最有本錢的時候，她常常建議年輕人，不論是時間或體力上，都可以去多歷練不同的事物，多去感受生活，去參加一些社團活動或是上一些課程，從中找出符合自己的理念、真正喜歡，且有興趣的事情來做。也就是要先「認識自己」，找到自己的優勢在哪裡，還有要結合自己的專業，而在結合專業的同時，也要記得助人為本。

　　俊涵老師認為在許多值得學習的事物當中，都可先從「模仿」開始，符合自己有興趣的專業，尋找能成為你的模範講師，從你心中的模範講師開始學習，並從中看見自己，找到自己的不足之處及還要加強的專業。唯有當投入一個環境，一個人才知道要或不要？她建議想要成為講師的人，首先，要以自己的專業，去幫助他人解決問題，因為，當以解決他人的問題為出發點時，才會有更多的熱情與熱忱，並找到自己的使命感，運用專業去幫助到很多的人，也是一種另類公益。

　　其次，成為講師必須與人接觸，同時傳遞一些正確資訊。對上台會感到恐懼、害怕的人來說，俊涵老師認為唯有藉由不斷練習，累積

大量的上台演說經驗來獲得自信。想要有好的反應，就必須要有充實的內容。練好基本功，透過正統專業的學習方式來取得專業的東西，也是展現自信的最好基礎。

身為資深講師，俊涵老師時時謹記父親當年的訓勉：「凡事心懷感恩，做事總要有『只怕萬一，不怕一萬』及『不恥下問』的態度。」父親的訓勉影響俊涵老師至深，從獨立自主到面對問題，都深受父親的教誨。

俊涵老師自覺還有不足之處，不間斷的學習，她以第一名成績考進研究所，畢業前到義大利發表研究並獲得最佳論文獎，更以第一名優異成績畢業，並代表當屆畢業生致詞，在 2018 年完成商管碩士的課程，2022 年榮獲優秀校友的殊榮。現在俊涵老師還是國際企業博士班研究生，每學年獲得成績優異獎學金。既然決定目標就要盡力完成，這就是俊涵老師對自己的要求及自我負責的態度，不斷的學習讓她保有持續前進的生活態度。

一個人所處的環境，會讓人走向不同的旅程，進而形成不一樣的自己。每個人都是一顆小小的種籽，也是一份不可忽視的力量，時時保有善念、抱持感恩的心，讓自己能去做更多幫助人們的事情。這些，是俊涵老師時時告訴自己，以及週遭的人。她期盼與更多的人，共同攜手，走向更美好的未來。

「凡事心懷感恩，真正的成功不是贏過多少人，而是幫助多少人。」站在講師的出發點上，俊涵老師希望她的專業，可以讓每個人能夠認識芳香療法帶給人們生活的美好，成為更好的自己，將植物精油的香氣散播出去，幫助更多人獲得身心的療癒。

說學逗唱的魅力
表演聲音的藝術

Profile

劉爾金

# 講師簡介

**專業領域**

著名電視主持人、演員、歌手、相聲說唱藝術家

**經歷**

1988 年：

在華視的『青春大對抗』節目中嶄露頭角，與卜學亮、黃子佼、宋少卿組成「帥哥綜藝團」在小燕姐的帶領下，于演藝圈大放異彩。

擁有精湛的演技及模仿功力，成功模仿名嘴陳文茜、前副總統呂秀蓮、歌王費玉清等，皆令人印象深刻，在兩岸知名偶像劇中，擔任綠葉角色的出色演出，更膾炙人口，深入人心。

1999 年：

更跨足相聲領域，拜於人間國寶「吳兆南」大師門下五徒、近年更致力於推廣相聲說唱藝術。

2017 年：

成立上海吳兆南相聲劇藝社，擔任團長，並推動兩岸文藝表演及創新跨界融合、文化交流策展，同時創辦「星學院」培育下一代新文化藝術傳承人。

**人**生沒有彩排，永遠不能重來，端看自己是否能夠把握住這些大好的機會！愛迪生說過，天才是1%的天分，加上99%的努力，因此，天分固然有助於讓表現變得更好，學習更能進入狀況，但是，要成為一個成功的表演者，真正的關鍵還是在於腳踏實地的努力，如果沒有付出，什麼都是空談。正所謂「天道酬勤」，有了貴人相助，更要「天助自助」，持之以恆且鍥而不捨的努力。

本著對相聲的喜愛，劉爾金在推廣上不遺餘力，從演藝人員的身分傳承這門傳統藝術，甚至在上海成立學院，都看得出來他對語言藝術的熱情。在逐漸式微的傳統藝術前，他貢獻自己的力量，守護相聲，讓更多人品味傳統藝術創新的魅力。

## 與聲音結緣，踏入鎂光燈的世界

「相聲」，是門聲音表演藝術，擁有詼諧幽默的內容、打動人心的魔力與魅力，即使閉上眼睛，仍可以享受它所帶來的樂趣。不論是逗趣的說學逗唱，或是語氣的抑揚頓挫，如同水流，或潺潺、或激昂，涮過人們的耳朵，直擊人們的心扉。

爾金老師談起自己為何如此鍾情相聲，其實在還沒讀幼稚園時，他就已經整天跟著媽媽一起聽相聲了。每天到了下午一點鐘，他與母親就守在收音機前，等著聽警察廣播電台的節目「相聲時間」。

當時是由魏龍豪、吳兆南、陳逸安還有周胖子（周志泉）這幾位台灣相聲大師所演出的相聲節目，每每到了這個時候，爾金老師就坐在電台前，聽著相聲表演。他提起相聲讓人著迷之處：「聽眾沒有看到人，也沒有看到動作，光聽到聲音，就可以想像劇情，而且能夠讓人逗樂。所以即使每天聽著重播的段子，我到了該笑的點，還是會笑。」這就是相聲獨特的魅力與魔力，也引領著爾金老師朝著演出的方向前進。

1988 年，當時爾金老師還在就學，參加了華視綜藝節目「青春大對抗」，是台灣最早的選秀節目，當時與一位朋友作為搭擋，一起比賽，用中國四大美女「王昭君」的故事，寫了一個長篇段子做為表演，內容改編得活潑有趣，因而衛冕過關。之後，獲得資深演藝人員張小燕的提拔，和宋少卿、卜學亮、黃子佼組成「帥哥綜藝團」出道，從此，開啟爾金老師的演藝之路。

　　爾金老師不只上綜藝節目表演，還參加多部電視劇以及電影的演出，其間和侯冠群合作的政治反串娛樂節目「主席有約」，是由侯冠群模仿前總統「李祖惜」，爾金老師則模仿媒體人「陳文茜」、前副總統「呂文蓮」，以及歌手「費玉清」等等，不僅將角色演得活靈活現，也讓他累積了不少的知名度。

　　當時，侯冠群與爾金老師在美國洛杉磯的「KAZN AM1300 中文廣播電台」做節目，每個禮拜都在台灣的錄音間裡錄製節目，完成之後，就用 DHL 快遞到美國，主持近一年後，美國廣播電台邀請兩人過去主持一個特別節目，於是兩人就相約一起到了美國。

　　有一天，爾金老師得知侯冠群要去見自己兒師的偶像吳兆南老師，激動的幾乎要拉住他的褲腳，拗不過爾金老師的執拗，侯冠群帶著他去見相聲大師。那一次，是爾金老師和吳兆南的第一次見面，對爾金老師來說，是人生中很重要的時刻。

　　隔年，爾金老師和侯冠群、郎祖筠，劉增鎧及樊光耀等五人，一同拜入相聲大師吳兆南的門下，從此，進入相聲領域裡，開啟了他生命中重要的里程碑。

　　除了相聲，他對舞蹈也非常著迷，他非常喜歡麥可傑克森，看著別人跳舞時也會跟著學著跳，不管是霹靂舞、機械舞還是新疆舞，都自學出一番成績。爾金老師從不否認，他是一個非常熱愛表演的人，腦袋隨時都在想一些新東西，不管是舞蹈還是歌唱，都希望能將說學逗唱融入在表演當中，完美的呈現給觀眾，因此在舞台上表演一直是

他熱衷的工作。

　　對很多人來說，國小正是玩耍的時刻，未來是非常遙遠的事。從小就熱愛表現的爾金老師，在還沒有念小學的時候，就跑到哥哥的班上去表演唱歌，充滿自信的他透過表演來展現自信。國小時，他就是朗誦隊、樂隊的佼佼者，國中也是樂隊。

　　爾金老師很早就立定志向，找到自己的興趣後，甚至成為賴以為生的職業，這對他來說，是種幸福。所以在高中時，他選擇就讀世新專科學校，因為他知道，必須要有一條正統的路程，讓他來學習表演藝術。

## 從表演到說唱，跨界新領域

　　在「帥哥綜藝團」時，節目裡有一個固定單元《帥哥發飆》，是爾金老師、黃子佼、卜學亮、宋少卿四個人的脫口秀，沒有專人為他們寫腳本，製作人便要求「帥哥綜藝團」的四人組，每個禮拜輪流想出一個主題，然後寫出劇本。

　　這對他來說，是一個非常好的經驗，現場即興創作，再加上劇本整合，讓他不只會寫、會編，還要會演，有著這一段紮實的訓練過程，日後，讓他在各自的領域裡都能發揮所長。

　　不過，身為藝人，爾金老師在跨界到相聲界時還是遇到阻礙，原本認為對表演駕輕就熟的他，萬萬沒想到，等到親自上台去表演相聲，

以前所學不一定幫得上忙，不只要重新學習許多東西，連表演的節奏也有所不同。

相聲有個很大的特點，就是觀眾即使不用看到表演者，透過耳朵也能夠感受到表演的愉悅及氛圍。憑著說話的聲音及語氣，就能讓人想像整個畫面與動作，光是聲音就能夠把觀眾逗樂。而同樣的段子，不管聽了多少遍，當表演到那個時刻，就是會笑。不需要任何的舞台音響，或是道具燈光，只憑藉表達語言，就呈現藝術。

對爾金老師來說，相聲是非常迷人的。

1999 年，爾金老師正式拜入相聲大師吳兆南老師門下，學習「相聲」這門專業領域。

第一次登台表演相聲時，爾金老師還記得很清楚，當時他表演的是《姥姥年》，然而，已經有演藝人員的經驗，站上相聲舞台時，還是感到背脊都在冒冷汗，過往的表演經驗也施展不開來。表演結束，他有點不清楚自己講了什麼？

相聲的觀眾反應很直接，當表演者認為自己表現的很好，講到該笑的點時，觀眾都應該捧場，其實這是大錯特錯的。當預設該有反應而未有反應，在相聲的術語裡，稱為「泥」。如果講的好，大家就會有反應，若是講「泥」了，對相聲表演者來說，是件很可怕的事。即使有豐富演出經驗的爾金老師，在正式登場之後，深深的感受到，「相聲」真的不是一件容易的事。

　　爾金老師提起這段往事，他認為先前自己是將「相聲」當作藝術在做，但是真的上去之後，才發現平常在綜藝節目裡受到的表演訓練，或是之前比較淺顯的戲劇訓練，完全沒有辦法派上用場，通通都得打掉從頭來過。然而，表演相聲所需要的深厚底蘊都急不得，爾金老師明白這一點，他耐著性子，慢慢的跟著師父及師兄們一起學習，也與大陸老師合作，進行兩岸文化交流演出。

　　人生最驕傲的事，不是從未跌倒過，而是還有站起來的勇氣。

　　在學習相聲的過程中，爾金老師也找出自己的不足之處。他表示，若以電腦設備來形容頭腦，RAM 是電腦的快閃記憶體，硬碟 HD 是永久記憶體。爾金老師的「快閃記憶體」強過於「永久記憶體」，他可以在拍戲時，立刻記下一、兩頁的台詞，之後忘掉。但是「相聲」必須將這些內容從快閃記憶體移到「永久記憶體」，必須不斷的練習，刻記在硬碟 HD 記憶體裡，才不會忘記。往後，每次演出之前，爾金老師都不斷的對段子，直到登台演出。

　　如果沒有了企圖心，「熱情」就會漸漸地冷卻，立場動搖，一定會放棄一切，最終徹底失敗！但是，如果任何障礙都擋不你的決定和熱情時，你的「企圖心」自然就會浮上心頭！從演藝界跨到相聲界，踏上舞台，爾金老師才知道自己的不足，他將在演藝界十年的表演訓練完全打掉重練，心態歸零，重新開始學習，過程儘管艱辛，但他從不後悔，他堅持不斷的演出，一直讓自己站在舞台上。

## 為生存求「變型」，相聲的美麗與哀愁

在多數人的刻板印象中，相聲屬於「傳統」、「過時」與「老派」，為了讓更多人重視相聲，爾金老師和夥伴們會在原有的段子裡，注入新的元素，進行改編。對爾金老師來說，他不要讓相聲侷限在傳統的窠臼裡，讓它能跟著這個時代趨勢，成為新穎的表演。以喜劇小品來說，若注入相聲，打破相聲原有的規矩，來做一種全新的表現，讓它更貼近現在的年輕人，他希望透過這種突破，讓大家能更認同「相聲」這一門表演藝術。

在相聲表演裡，爾金老師主打的是「柳活」，相聲的「柳活」指的是以大段唱功戲為主的相聲段子，就是用唱的，跟爾金老師搭檔的是姬天語，她是劉增鍇的徒弟，兩人表演過好幾個經典的相聲段子，其中一個是以 2012 世界末日為主題《瘋狂告別趴》，內容描述的是人在死前為自己舉辦的告別式，透過說演，將所有有關生死的歌曲串在一起，讓大家非常有共鳴，爾金老師和姬天語獲得廣大的好評，後來，在天津演出時也獲得當地的獎項。

「相聲」的內容有深有淺，在相聲的術語裡叫「皮薄」、「皮厚」，「皮薄」就是一些簡單淺顯的笑話，「皮厚」就是比較深一點的，比如說平仄協調、對仗工整的「對聯」，或是一氣呵成，一貫到底的「貫口」，同時，他們還會加入歷史故事，安排不同深淺的相聲段子。在相聲段子的本質不變之下，盡量加入新的表演元素進來，比方說音樂、照片或是舞蹈 MV，用很棒的海報來包裝這樣的內容，吸引更多不同

年齡層的觀眾來進入相聲的舞台。

「相聲」表演很容易讓人放鬆心情，每個人都有各自的壓力，如果觀眾入場，聽到相聲演員的表演，讓他們放鬆心情、哈哈大聲，而且相聲在罵人時，也是有藝術的，甚至將觀眾心裡想講的話，都講出來，相聲演員在台上幫觀眾罵得淋漓盡致，觀眾在聽完之後，日後回味。看著相聲演員一本正經的胡說八道，這對看的人、聽的人，是種抒發的管道。

不可否認，以現實面來說，在台灣，相聲這門傳統藝術其實非常小眾，很多人不是很有興趣，不甚重視，但是在大陸，尤其是中國北方，北京、天津等，這些地方對於相聲非常的重視與尊重，也有很多固定的表演場所，比如「德雲社」，它是中國相聲社團之一，這個社團非常的龐大，將相聲傳承得非常的好。

反觀台灣，台灣的相聲演員永遠只會見到幾個熟面孔，雖然也有很多新秀的出現，但願意全然投入的人還是算少。對於走在相聲路上的他們來說，是蠻大的挑戰，也希望對於中國傳統技藝有興趣的觀眾們，能夠繼續支持。

2017 年，爾金老師成立「上海吳兆南相聲劇藝社」，舉辦《兩岸笑星會》的表演，其間，獲得許多學校的協助與宣傳，有許多學生和家長們的贊助，亦有企業的支持，讓這場相聲節目演出非常的成功，在當地也得到熱烈的迴響，接下來，爾金老師開始嘗試在對岸各個學校裡，推廣台灣的相聲團體。

　　爾後，他在上海成立了一家「星學院」，課程的對象是小朋友、小學生，透過學院與舞蹈老師、歌唱老師、表演老師一起合作，讓學習的課程能更多元化。他希望讓這些小朋友能學習到，說話的時候能自然呈現出一種表現力跟表演力，協助他們上台的時候不會緊張。爾金老師認為從正音、肢體、表演等等開始學習，也在課程裡加入相聲的元素，可以讓他們能夠藉此在學習表演時感受到相聲藝術的趣味，從而有意願開始接觸傳統藝術表演的領域。

　　爾金老師提起現在孩子們學習的方向，若是開一個專門為孩子教導相聲的課程，馬上有興趣的人比較少，但是如果是演講課、表演課、舞台的演出這一類型的課程，大部份的家長會比較願意讓小朋友來學習，所以他運用大家比較感興趣的表演方式，再將相聲融入課程中，用不同的元素，無形中讓大家開始接觸相聲的元素，也提高了大家未來參與傳統藝術的意願。

　　這些年，爾金老師一直不斷在兩岸推廣相聲藝術，但是因為COVID-19疫情使得他所有的相關活動都停擺，儘管如此，他沒有放棄他所熱愛的藝術表演，依然默默儲蓄能量，在2023年又慢慢展開腳步。

　　遇到挫折，能夠不輕言放棄的人，關鍵就在於面對自己生命中所謂逆境的態度。當我們可以勇敢的面對這些逆境，也許一開始會讓人感到不舒服，但是在這過程當中，我們會開始學會隨遇而安的態度，那麼逆境將不再是逆境。

## 身傳與言教，上傳與下承

　　學生時期，爾金老師參加電視節目而嶄露頭角，在資深演藝人員小燕姐的提攜下，組成「帥哥綜藝團」出道，爾金老師和其他人開始走紅於各大節目。但是，當「帥哥綜藝團」解散，各自單飛之後，他一度感到迷茫，不知道自己未來該何去何從？於是，他去請教張小燕，小燕姐以她的演藝經驗及人生資歷，幫助他很多，同時也提點他之後的去路。小燕姐的樂觀開朗，積極正面，都一直影響著爾金老師，讓他在面對挫折或是困難時，想到教誨，都能以正向的態度去面對處理問題。

　　除了張小燕，爾金老師也和另外一位資深的演藝人員方芳合作過。擁有「台灣綜藝一姐」、「女丑之王」之稱的方芳，爾金老師在學生時期，就在「連環泡」這個節目裡的其中一個單元《中國小姐》當個小臨演，當時，他看到方芳一拿到稿子，在有限的時間裡記下台詞，上場表演有如行雲流水、一氣呵成、毫無滯凝、沒有 NG、沒有重來，深感欽佩。

　　方芳可以說是爾金老師戲劇的啟蒙老師，一次，爾金老師和其他人在方芳表演時，站在旁邊看，方芳反而對他們說，在旁邊看怎麼看得出來她的表演？要他們站到最前面看，爾金老師和其他人都跑到離方芳最近的位置。之後，方芳還告訴他們，怎麼樣知道戲演「好」了，就是在演完以後頭皮會發麻，這就表示「演進去了」，對於這句話，當時的爾金老師是不太能理解的。

　　直到後來，爾金老師參與各式各樣的演出，不斷練習與揣摩，在一次演出之後，他體會到頭皮發麻的滋味——在那一刻，他深刻的領會到，演戲是怎麼一回事，對日後的他來說，更能掌握住戲劇表演的精髓。

　　對爾金老師來說，表演與綜藝是同一個領域，除了台灣的演藝人員，其他像是日本喜劇泰斗「志村健」，英國的喜劇之王「豆豆先生」，還有「卓別林」，都是他所學習的人物，透過觀摩他們的表演，能讓他學習及掌握到更多表演的技巧，這對於他在綜藝界的工作，都是有很多的幫助。

　　爾金老師熱愛演藝工作，也熱愛相聲，在主持與戲劇的工作上，他發揮他的專長，但他也不放棄相聲。他認為，「拜師」就是一個責任，爾金老師自覺領了這份責任，就要將相聲這門傳統技藝傳承下去。藉由從事教學的工作，做更多的文化推廣，讓相聲這門藝術，能夠開枝散葉，維持下去，也希望能讓更多的人願意和他一起將這門傳統技藝傳承下去。

## 人生即「相聲」——爾金老師眼底的吳兆南

　　由於父親早逝，對爾金老師來說，吳兆南老師就有如父親一般，在他心中是很崇高的。在相聲大師吳兆南老師門下多年，跟在師父旁邊，受到不少薰陶，透過與師父聊天的過程，爾金老師學的不只是相聲，還習得更多人生的道理。

　　舉例來說，像是中國人常常講的「不孝有三，無後為大」。所謂「無後為大」不是指不能為家族承續香火之意，最大的不孝為「阿意曲從，陷親不義者，不孝者也」，就是說如果自己的父母親，或是親人，犯了過錯卻不勸說，然後讓他們陷於不義當中，這才是最不孝的事情。

　　透過吳兆南所說的正知正見，爾金老師知道師父常常藉由這些小故事，來告訴他們許多做人做事的道理，和艱深的涵意。因此，他非常感念師父的用心與帶領。

　　在爾金老師的眼裡，吳兆南的人生就是不斷的在玩，不斷的在學習，不斷的在思考，吳兆南會思考這個文字寫的對不對，那個劇本到底對不對，他看到師父天天在寫東西，天天在收集，天天在玩這些，新鮮的事物、好玩的事物，吳兆南都不會排斥。對吳兆南來說，生活就是相聲。

　　至今，爾金老師仍記得師父對他說過的一句話：「你對生活的每件事情，各種學問都要去了解，在了解之後還要有不同的見解跟不同的看法，這樣才能夠變成你生活相聲的段子。」至今，這句話也影響著他，讓他了解對任何事物都要保有一顆好奇的心，然後在其中挖掘出更多的有趣的點子。

　　魏龍豪老師曾經說過：「相聲的演員，是演員中的演員。」意思是相聲演員要比一般演員們還要會演。

　　原本就在演藝圈表演的爾金老師，在進入「相聲」領域之後，發

現「相聲」又更要進一階，它是另外一個表演境界。直到十五年後，
爾金老師才覺得自己稱得上是一個相聲演員，覺得自己可以掌控在台
上的一切，包括呼吸、節奏，掌控觀眾的反應，他開始明白，他說到
哪裡，觀眾一定會有他預設的反應，有一個操之在我的感覺，至此，
他才敢大聲的說，他是相聲演員。

　　爾金老師本就是演藝人員，在演藝圈裡，所獲得的掌聲並不算
少，但是相聲演員對他來說，仍是十分具有吸引力，他一直在相聲的
這個領域裡努力。現在所接觸的相聲，跟他小時候聽到的相聲一樣，
都是充滿魅力的。他覺得利用文字語言、說話語調，就可以逗樂觀眾，
是非常有意思的事。

　　多年來，他持續的在各大專院校及公開場合做演出。雖然大環境
讓相聲出現斷層，但他仍希望多培養一些喜歡相聲的年輕觀眾，將這
個斷層與代溝越拉越小，讓他們覺得「相聲」並沒有那麼傳統難懂。

　　「相聲」，不只是爾金老師另外一個表演的工作領域，除了喜愛，
也是傳承，秉持自己的初心，爾金老師希望能將這門傳統技藝傳承給
後代年輕人，讓他們一同來加入這個相聲的領域。

　　其實，只要默默耕耘，不需要抱持太大的得失心，無論是耕耘的
身影或是成果最終必然會被人所看到。當一個人在一個位置上不斷精
進自我，終有一天自己也會成為一個能夠傳授自身經驗給他人的人，
讓知識、技術和經驗能夠不斷的傳承下去，使更多人受惠。

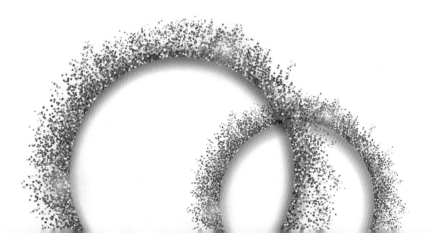

站在成功高點
創造斜槓生涯

· · · · · · · · · · · · · · · · · · · · · ·

# Profile

高家偉

# 講師簡介

### 學歷

台灣大學 PMBM 生物科技管理碩士

實踐大學創意產業博士研究

### 經歷

水善田生機執行長

*EET 國際語言中心創辦人

菜鳥救星 Live 學堂創業講師

傲拓教育海外遊學留學顧問

中國生產力中心 34 期經營顧問管理師

台大台復新創學會第三屆監事

中華華人講師聯盟培訓委員會副主委

瀧星獅子會理事

實踐大學實習生生活導師／客座講師

台灣管理學會健康管理師

中華民國紅十字會水上安安救生員

### 聯絡方式

axis53@hotmail.com

建藥師貝聿銘曾說：「做事情最重要的是維持十足的信心，必須相信自己，把各種非議和懷疑拋諸腦後。」因為生命的旅程，每個人自有不同的安排，都是獨一無二的！

「相信自己」是非常有影響力。一個人只要擁有「我相信我一定辦得到」的「信念」，就能改變自我，激發潛能達成很多別人認為做不到的事情。高家偉從一位司機到自行創業，不管境遇如何打擊，他也絕對不讓它們偷走「目標和夢想」和「一定會成功的信心」，因此才能創造斜槓生涯，成為串聯事業的專家。

## 站在巨人的肩膀上，看見未來趨勢

人生突破的框架越多，越沒有框架！

在職場上、在生活中歷練自己，漸漸提升了眼界，你的心將更寬廣自在，越沒有了限制。信手拈來，其中隨便一項，就能讓你創造出無限。高家偉老師就是一個滿是斜槓的人生。

由於他的行動能量非常的強，也擁有敏感的判斷直覺，所以隨時都在注意掌握外界最新的資訊。目前他經手的斜槓項目，有自己成立的公司，投資的企業，或是擔任的顧問案等，林林總總加起來有二十幾個項目。

家偉老師回憶起人生的第一份正式工作，是幫邱永漢董事長開車的司機。邱永漢先生早年被喻為「股票神仙」，旗下擁有日語補習班、書局、高爾夫球場等事業，也是「財訊月刊」的創辦人。

司機的主要工作只是開車、提行李，當時因為太無聊也曾想過要離職，但是邱董事長用台語告訴他，「給他苦毒三年，以後會有機會做大事情！」因此，他在空暇時間裡，也勤於閱讀學習。長時間在邱董事長身邊，學習到許多待人接物的圓融之道，由於自己認真積極的學習態度，後來成為董事長秘書。

「如果說我看得比別人遠，那是因為我站在巨人的肩上。」擔任邱董事長秘書期間，磨練出對周遭環境的敏感度，使他看到了更高的視野，也擁有了更寬廣的格局，讓他能適時掌握時事趨勢動態。

1995 年他觀察到大陸經濟正在急速往上成長，當時就有想前往大

陸發展的念頭，直到1998年正好公司在上海成立永漢日語培訓學校，
於是被外派到上海從事管理語言培訓學校相關事務。家偉老師突然成
為了一位校長，但因為自己本身的日語不好，被學校日語老師笑稱是
開玩笑的「笑長」，從此讓他擁有一個風趣好記的稱謂「笑長」。

　　家偉老師花費五年的時間，從零開始，在人生地不熟之處，把日
語培訓學校在上海辦到經營得有聲有色，在這段期間也認識不少優秀
的企業家，於是漸漸開啟了創業的企圖心，終於在2003年成立上海
英語培訓學校，開始奮鬥自己的事業，身份也從臺幹成為臺商。

　　家偉老師就像一顆種子在泥土覆蓋下，它試著在掙脫外殼冒出發
芽的時候，可能會有著岩石或是石堆擋住它，可是這顆種子有著強大
的生命力，它一心一意就是要往上攀升，儘管遇到岩石或石堆時，它
彎曲根芽依然向上生長。

## 創業奮鬥，堅持夢想

　　「人類因夢想而偉大」是家偉老師的一句座右銘。當我們有了夢
想，自然不會把挫折當成挫折，那麼，它就不會是我們成功的阻礙。

　　由於一般認為外國的月亮比較圓，因此家偉老師試著用國際觀的
方式來創業，應該就容易達成目標。當時就是使盡力量只想拚搏一把，
在上海闖出一番事業來。

　　在創業初期，由於當時每一家直營店的房租都不便宜，他想如果
要在上海站穩腳步，只能用「複數店」的策略來分攤管銷費用，於是

在上海成立了四家直營店。此外，他也善用網際網路系統，將每位學生的學習歷程都放在網路上，不管在哪一家直營店，老師或學生只要登入網路系統都可以查看個人資料，這在當時 2003 年是大陸培訓學校中的創新。

每家直營店加裝許多最新的硬體設備，每間教室也都配有互聯網，家偉老師投入大量廣告費用做行銷，下定決心要用創新商業模式攻佔這個市場。

當時學費是採取收現金的方式，在成立前兩家時的管銷費用是沒有問題的，但是到了 2005 至 2006 年間成立第三、四家直營店時，營運的狀況就開始不理想。本來再成立二家直營店是為了創造品牌效應、增加營收，但沒想到學生是依個人上課的方便性來選擇到哪個直營店上課，在這種循環的狀態下，學生沒有減少，但是也沒能增加，使得四家直營店的管銷成本也沒法降低。

從創業在這五年之間，將股東投資的資金全都燒光，也因為資金週轉困難，幾乎賠掉名下好幾套房屋資產。當時還做了國外遊學團，參加學生人數非常踴躍，但沒想到 2007 年紐西蘭幣值巨大變動，幣值在匯率換算之下，造成國外遊學團的營收是呈現負數。先前投資的錢收不回來，後來的國外遊學團又虧損，真的是屋漏偏逢連夜雨。

好友見到他的這種狀況，拍著桌子跟他建言：「直營店一定要收。」

度過了幾次被錢追著跑的日子，他決定縮減補習班的規模，將四家直營店縮減至一家，學校營業面積也大幅縮減，這種情形動搖了他

繼續下去的決心。但是生活還是得過下去，只能思考新的業務方向，於是開始引進多位擁有外國專家資格證的外籍老師，用派遣合作的方式來協助各個國際學校及補教業，康橋國際學校、日橋學校、台商子女學校都是合作的客戶，如此解決外籍老師流動率高的困擾。危機就是轉機，經過二、三年後，經營狀況也慢慢趨於平穩。

從上面這些狀況來看，我們可以發現其實機會不是「等」或是「找」出來，而是被「創造」出來的！就算眼前看起來似乎已經充滿危機，但是他仍然積極的去創造出一個機會來，當下只有一個單純的想法，就是專心的去做一件事，不要在原地躊躇不前，杞人憂天將自己困住，只要勇敢跨出一步，就多一個成功的機會！

「曲則全，枉則直」當一根竹子在受到外力壓迫時，會順勢彎曲變形，而在壓力過後就會恢復到原本的直挺。所以有時候遇到一些困難，適時的彎下身段，反而能讓自己能走得更穩更久。這些力量全部都在我們自己的身上，而不是依賴著外在環境的給予，就如同家偉老師生命裡的韌性，往往都是經由很多的挑戰磨練得來的。

## 強烈的企圖心，打造加盟系統

有一個熱愛哲學的年輕人前去請教蘇格拉底：「我非常熱愛哲學，鑽研了十多年，但一直沒什麼成果，請老師給我指點！」

蘇格拉底請這位年輕人跟他來，然後他們到了一條大河邊，蘇格拉底就直接往河中走下去。這個年輕人很納悶，但還是跟著過去。當走到水深齊腰的地方時，蘇格拉底突然轉身將年輕人的頭使勁往水裡

按。年輕人還沒意識到發生什麼事情，就接連灌了幾口河水，然後拼盡全力將頭露出水面，剛喘了一口氣，蘇格拉底又把他按到了水裡，如此反覆了好幾次，直到年輕人掙開了蘇格拉底的手，爬上岸去。

年輕人到了岸上，氣呼呼地問蘇格拉底：「我虛心向你請教，為什麼你要這樣做？難道你不知道這會淹死嗎？」

蘇格拉底反問道：「剛才你在水裡最渴望什麼？」

這個年輕人回答：「空氣！」

蘇格拉底說：「當一個人成功的欲望就像在水裡渴望空氣那樣強烈的時候，他才有可能成功，這就是我想告訴你的！」

這個故事說明：一個人要成功，「強烈的企圖心」是多麼重要！

你是不是也像需要空氣般的渴望自己的事業成功？

在任何事業裡，一旦確立目標之後，並且內心要有強烈的願望去實現它，才會更快地邁向人生的一個新的階段。

家偉老師擁有強烈的企圖心，除了經營直營店，也在其他城市擴點並開放加盟，擁有二十多所加盟學校。這二十多年來跑遍了大陸各地，其中包含鄭州、徐州、天津、北京、蘭州、包頭、呼和浩特、長沙、廣州、佛山和鹽城等等，其中「呼和浩特」還曾經是大陸 GDP 國內生產毛額最高的地方。他不僅到大陸各地做培訓教育訓練，也增加許多當地的旅遊經歷與文化學習的經驗。

此外，家偉老師也開設讓外國人學習中文的課程，主要是因為觀察到當時有不少日本商務人士派駐到中國，會優先派遣到臺灣學中文

後再調任中國，所以他想何不直接就在上海開設教授商務人士中文課程呢？就這樣的念頭讓他開啟了不一樣的補習班課程。

在這期間，加盟學校業績也不斷成長，但是因為不熟大陸的法規合約，所以只有收到加盟學校第一年的加盟金，後續都收不到加盟金。這也讓家偉老師決定專心留在上海站穩腳步持續發展，直到 2019 年 12 月，覺得是時候該回台灣貢獻自己的一份力量，於是將大陸的語言培訓學校轉給當地同事繼續經營。

人生一路走來，家偉老師特別感謝身邊許多貴人朋友們的相助，才能讓他安然度過重重的困境。一直覺得自己全身充滿著冒險的因子，總想往最困難的地方前行，不管經歷過多少困境，都會想盡辦法努力去突破。家偉老師懂得善加利用資源與優勢，因而能夠度過大大小小的關卡，他表示：「若再讓我重新選擇一次，我仍然會堅持原來的選擇不會改變。」

## 放大自己的特質優勢

人生有無限的可能，你的一個選擇就成為一個行動，一個行動就變成你現在的樣子，你現在的決定就決定了未來的你。

家偉老師在創業課堂上常和同學們分享：創業者都是賭徒！因為有數據顯示在創業的前 3 到 5 年，其成功機率不到 1%，很多人都明知創業失敗率極高，但還是選擇創業，所以他覺得創業者就像賭徒一樣，有著無比的勇氣，對於眼前的挑戰毫不畏懼，面對困難勇於突破，披荊斬棘不斷的前進，創造自己想得到的一切，不論是在事業、人脈、

財富等方面，主導權都掌握在自己手上。對於未知的領域則積極去探索學習，過程裡不斷累積的酸甜苦辣經歷，也成為他現今生命中重要的養分。

在外地長年生活與觀察，之前是台灣的發展速度比對岸大陸快，但在 1995 年至 2001 年網際網路泡沫以後，大陸發展的腳步逐漸比台灣迅速許多。多年來在兩岸的經驗，他分析大陸年輕人的特質比較狼性，大部份主觀意識都比較強勢，台灣年輕人的特質就比較儒性，大多會先考量他人的感受，這些性格特質各有利弊，就看如何去拿捏運用。每個人只要放大自己的特質優勢，然後善加去利用，就能變化出更大的價值出來。

當時決定回來台灣有兩個原因，第一個是為了創造人生第二條曲線，讓自己在還能奮鬥的時候，持續去學習努力，創造出另一個新的發展舞台。第二個是希望將在對岸大陸長年的經驗，帶回來跟台灣的年輕人做分享。

家偉老師談到自己的特質，就是一直很喜歡跟著年輕人學習，他認為唯有這樣，才能跟著他們一起進步。

年輕人擁有「初生之犢不畏虎」的衝勁；有一顆樂於學習的心，願意聽取他人的知識和經驗；在這新事物不斷推陳出新的時代，年輕人們能夠接受之餘，也勇於創新；而且新生代相對於舊世代的人們來說，擁有自己的主見。只要善加培養引導，這些人格特質能讓新世代為世界帶來一份新氣象。

台灣很小，世界很大，我們的眼光不能只朝著單一方向，而是要

放開心胸面對全世界，去了解不同國家的特色與文化，掌握世界隨時
的脈動變化，培養宏遠的國際觀，增加自己的競爭力，為現有的環境
社會盡一份心力。

## 創業最好的投資就是學習

創業者就是要不斷的學習，在各個不同學識領域裡學習，持續不
斷提昇自己的價值能力。因此 2016 年起，家偉老師固定在每週五坐
飛機回台灣上課，就讀嘉義中正大學雲端計算與物聯網研究所，取得
生產力中心 CPC「經營管理顧問師」證照以及臺灣大學 PMBM 生物
科技管理碩士學位；2023 年就讀實踐大學創意產業博士班。

參與各種課程不只可以創造更多與客戶之間的話題，還可以進一
步拓展人脈，這些人脈可以創造各種機會，無論是工作上或是生活上
的體驗，進一步為人生增色。

由於家偉老師喜歡學習不同領域的事物，在回台協助一家企業做
行銷顧問時接觸到「水耕蔬菜」這個產業，體認到健康飲食的重要性。
這也是大時代的趨勢，因而創立「純翠植物農場」、「水善田生機有
限公司」，擔任執行長推廣健康蔬果飲食概念，從每一顆種子開始，
讓健康的善循環在大家的心靈裡幸福發芽，上善若水，水善利萬物，
水善田分享「愛健康、傳遞健康」的理念，打造健康美好新生活，為
現代人的健康生活把關，營造一個健康的生活環境。他運用科技培植
水耕蔬菜，並與台灣農研所創新育種中心合作，研發健康水耕種植技
術，為民眾提供健康的蔬菜選擇，也為環境友善盡一份力。

現在越來越多人開始注重飲食的健康，多吃蔬菜水果、攝取營養就非常的重要，水耕蔬菜本身沒有使用土壤來種植，而是透過純淨水及營養液跟 LED 植物燈來補足植物生長需要的養分，沒使用化學農藥的水耕蔬菜，很適合用來製作綠拿鐵果汁以及鮮脆生菜輕食沙拉。

健康產業是未來的趨勢，家偉老師從其中發覺到重要的商機，打造了無塵室並運用最新科技培育出新鮮無毒的蔬菜，在國外稱為垂直農場，美國被稱作 NASA 太空蔬菜，具有 ESG 友善環境的概念，與國內多家企業共同合作打造節能減碳，珍愛地球友善環境，讓消費者更能安心放心食用，他將水耕蔬菜產業與餐飲服務業合作，發展出商業運用的模式，來帶動雙向產業的經濟發展。

家偉老師希望運用水耕種植的理念，能讓民眾擁有健康新生活的體驗，也持續將健康的觀念傳遞給大家，最近還推出了水耕蔬菜種植盒，可以讓人在家或辦公室桌上種植，具有食農教育的意義，也可以作為療癒盆栽，讓更多人能擁有一個健康的社會環境。

## 「斜槓」是乘法也是除法

「人生沒有用不到的經歷。」

家偉老師說自己從一個司機，做到董事長秘書，做到總經理，再到自行創業，在對岸大陸實操實練的開展店面，從這些經營的過程裡，獲得許多成功挫折與問題解決的經驗。

現在家偉老師除了推廣健康飲食工作之外，也是「菜鳥救星LIVE 學堂」創業講師，以及各家知名品牌公司顧問。

　　對於「講師」這個產業，舊有的觀念就是「同業競爭」。「同業競爭」指的是：我會的，並不一定會跟大家做分享，如果去做分享，就是把我吃飯的傢伙分享給大家。然而，家偉老師在加入中華華人講師聯盟後，發現這個社團很棒的是，可以把講師們結合在一起，它提供這樣的一個平台，讓大家可以一起來互相學習，透過不同講師的經驗分享，也能夠激發大家更多新的想法與學習的溫度。

　　家偉老師認為，不管你是不是從事講師的行業，都「不要放棄每一次上台的機會」，尋找出自己的優勢，增加自己的價值，透過你個人的力量，來為社會多做一點事，讓世界能夠變得更好，這些也都是他願意做的。這些點點滴滴的經歷對他來說都是一個很棒的人生歷程累積，也讓他獲得更多的智慧能量，能夠繼續的來做好培訓教育的傳承。

　　家偉老師這次和華盟講師群一起參與「有一分熱，發一分光」聯合公益慈善活動，就是希望可以幫助到更多社會上有需要的人。由於每場大型公益活動幕後都是龐大的工程，因此每一位老師的善心都非常珍貴、每一位朋友的善舉都令人感動，他也特別感謝有這次機會一起分享自己一路走來的心路歷程，期待大家都能共襄盛舉，一起為社會挹注源源不斷善的力量！

　　家偉老師剖析自己：「其實我並不是很喜歡斜槓，因為我認為專心比專業重要，但沒想到自己竟然會做了這麼多的斜槓。」

　　有一句話說：「我必須非常努力，才能讓人看起來毫不費力。」以往他認為：「我必須非常努力，才能隨時決定是否放棄。」不過，

因為每個項目他都很努力在執行，也都做出很好的成果，要他放棄哪一個斜槓都放不下，所以現在尋求的心態就是：「我要那麼多的斜槓，就要專心的把每一個都做好。」

很多人只看到家偉老師擁有很多的斜槓項目，但是他們沒有看到的是，他花費比人家多好幾倍的時間在工作上。每個人一天都只有 24 小時，工作與休閒的比例就看個人如何去調配。一天 24 小時，他除了睡覺以外，其他的時間裡，不是在想創業的東西，就是在想工作的東西，或是如何將這些事業串連，才會有加乘的效用與利益。

家偉老師笑稱自己：「隨時在動腦思考『如何去找商機』，這件事是我個人最佳的休閒活動。」

找出自己不同的優勢來，然後運用乘法的放大，將自己的價值變大。我認為「斜槓」是乘法也是除法，斜槓工作是除以你的時間，把你的時間做分割，但是我喜歡建議大家用乘法，去找出自己潛藏的優勢與價值，在經過除法切割後，讓你的價值再增加變大，如果你想創造「斜槓」，一定要找志同道合的社團一同學習成長。


## 不畏懼挑戰生命的勇士

有一句話說：「人生就像茶葉蛋，有裂痕才會更入味。」每個人所經歷的每一個挫折與苦難，以及歡喜與悲傷最後都會成為人生最好的調味料。這些調味料讓人生不會只有單純的一種顏色。

人生的路途當中會有很多的叉路與彎路，很多人因為害怕可能遇到的挑戰，因而不敢選擇轉彎的方向，只想著要直直的向前走就好，

因為不知道在**轉彎**的時候會碰到什麼，所以他們卻步不前。但是如果沒有試著勇敢的去選擇轉彎的方向，怎麼有機會去欣賞到更多不同的景物？

不僅在工作上他勇於創新，在生命中他也勇於挑戰。近年流傳台灣人一生必做 3 件事——自行車車環台、泳渡日月潭、攀登玉山。家偉老師在 50 歲前已經完成這些事。

2014 年，他一時興起報名參加了自行車環島的行程，9 天 960 公里的行程，對不是運動愛好者的他來說其實是一大挑戰，長時間騎行下，不只挑戰體力，也是修練自我意志力。在 2016 年和二女兒一起完成泳渡日月潭，隔年則成功攀登玉山。

2022 年，在疫情期間還參加了水安救生員訓練，經過整整一個月每天凌晨 4 點出門前往泳池和一群瘋子夥伴們完成救生員學習，取得水安救生員證。

「戰勝自我」比什麼都重要。拿破崙・希爾曾說：「如果你都不相信自己，就別要求別人會相信你」。所有獲得成功的人都是從自己身上深切地感受到，只有信心才能左右自己的命運，因為他們只相信自己的信念。每一次都全力以赴的家偉老師，正是透過生命中一次次的經驗，領悟到「相信就是力量」，也常在日後以此為借鏡。

家偉老師的斜槓人生，充滿各種驚奇。就如我們的人生也都不是一帆風順，總會在人生的不同階段遭遇一些問題或偶爾陷入困境，但是，面對這些問題或困境，是前進還是後退，是戰勝還是退縮，往往取決於我們的「心態」。也就是說，任何時候我們都不能喪失「自信」，

雖然有了「自信」不一定能夠成功，但喪失「自信」卻注定會失敗。

　　我們總會在人生不同階段遭遇一些坎坷和挫折時，如果我們懷疑自己的「潛能和能力」，一直被「自卑感和無力感」所控制，那麼，我們必然一事無成；反之，當我們擁有「自信」，積極地採取了理智的行動，那麼，許多狀況和困難都有可能迎刃而解，從而和成功結緣。

## 講師筆記

　　家偉老師分享三大重點：

### 1. 相信你的相信，做自己的光

　　相信你的相信！在這最不確定的時代不斷的學習去找到方向，做自己的光，用自己的光去發光發亮，用熱情和自信照亮前路。

### 2. 少一點點理智，多一些勇氣

　　有時理智讓人猶豫不決，而勇氣則能推動向前邁進，即使被質疑也要追隨自己內心的聲音，繼續堅持下去的決心。

### 3. 做好事積善心，讓愛擴散

　　多些善心是力量的擴散，說好話，做好事，存善心，讓這個世界充滿愛。

從法庭到講台
當律師成為講師

# Profile

## 戴智權

# 講師簡介

## 學歷
國立政治大學法律學系財經法組學士
國立台灣大學新聞研究所碩士
中國北京大學新聞與傳播學院交換學生

## 經歷
鵬耀法律事務所主持律師
中華民國衛星廣播電視事業商業同業公會法律顧問
桃園市就業服務商業同業公會法律顧問
台北市 300-A3 區第 25 屆聯邦獅子會會長
台北市 300-A3 區 21-22 年度分區主席、22-23 年度法務長
BNI 台北市北區長貴白金分會主席
BNI 台北市南、北區大使
桃園市中小企業榮譽指導員協進會財務長
社團法人桃園市創新創業協會第十九屆理事長

## 優秀事蹟
經濟部中小企業處榮譽律師
勞動部智慧財產權審議小組審議委員
臺北市消費爭議調解委員會委員
桃園市消費爭議調解委員會委員
新竹縣消費爭議調解委員會委員
桃園市政府法律諮詢顧問
桃園市政府文化局法律顧問
桃園市政府藝文設施管理中心法律顧問
桃園市政府青年諮詢委員會委員
影音服務通訊技術工作委員會審議委員

## 聯絡方式
Nicholas.Tai@peng-yao.com

成功人士並不是時時刻刻地枯坐著等待機會到來，而是時時刻刻地準備自己，一上台就會有慧眼識英雄的伯樂就能發現這匹千里馬。股神巴菲特曾說：「人生中沒有任何一項投資會比『投資自己』更划算！」不管從事什麼行業，直到現在都是不斷的在投資自己去學習，因為當你的專業知識越豐富，你的眼界還有可以觸及的世界就更為寬廣。

身著律師袍，在法官面前慷慨陳詞，這是我們常在電視劇裡看到的律師形象。然而要在法庭前滔滔雄辯，背後卻有許多不為人知的基本功要做。戴智權不論在法庭還是講台上，都是用最大的光與熱在為世人服務。

## 專業服務，活出生命的價值

　　這個世界的紛爭，來自我們內在的衝突，當內心能真正以和為貴，自然能創造一個安樂和諧的社會。因此，身為律師的智權老師不光是解決當事人的法律問題，也協助他們面對內心的問題。他在處理諸多法律爭議時，為了協助當事人弭平紛爭、創造雙贏的局面，秉持著同理心，尋求出最適宜的解決方案，而不是擴大紛爭。甚至在法律爭議產生之前，就能給予客戶中肯的建議，以避免糾紛的產生，這也是他在提供專業服務時，堅持的原則。

　　他一直記得大學一年級時，法律系老師曾說：「用自己的專業服務人群，才是活出生命的價值。」這也成了智權老師所創立的鵬耀法律事務所核心價值。

　　他的理想就是希望能夠減少當事人的紛爭，很多人聽到這一點都會覺得，如果減少紛爭，律師事務所不就減少收入來源了嗎？由於一個審級就要給付一筆律師費，下一個審級又要一筆費用，如果案件在第一審就和解了，律師不就收不到第二審與第三審的酬金了。對於這個問題，他認為，只要是有和解的機會，當下就做解決紛爭的處置，這才是真正有價值的事。在當事人面對法律爭議問題時，如果有專業律師的法律建議，讓事件圓滿和解，其實也是帶給社會一股安定和樂的力量。

　　智權老師以多年來自身經驗談到：「很多事情並不是法律條文上的問題，而是人與情感面的問題，因此，展現專業的同時，就是當事人能順遂的時刻！」

　　他透過法律專業，協助客戶運用智慧去解決問題，舉例而言，他曾協助一位母親處理離婚案件，取得未成年子女的監護權，而能和孩子同住。後來即使她再婚，但是跟前夫依然保持友好的關係，她的孩子也享有彼此的關愛。

　　一般離婚的案件，當雙方當事人對於離婚有共識時，可以約定好離婚、財產要如何分配、子女的監護權、探視方案、扶養費給付等，屬於「協議離婚」。若是沒辦法和平分手，又無法約定好離婚事宜，就只能尋求法官的協助，經由法院來做出是否離婚的判決，屬於「裁判離婚」。

　　如果這對夫妻有小孩，對於「未成年子女的最佳利益」則是首要考量的關鍵，例如：沒有同住的一方，要如何跟孩子保持良好的互動關係，以及孩子對於父母離婚的心理衝擊影響……等等，都要特別的注意。「雖然雙方做不成伴侶，但也要扮演好爸爸和媽媽的角色。」智權老師也建議孩子在學期間，父母雙方要儘量地參與學校的活動，這樣可以了解孩子在校的學習情況，也讓孩子能感受到父母對他的支持與關愛。

　　另外，沒有監護權的一方，可以擁有探視子女的權利。一般而言，智權老師不建議約定「隨時可以探視」的探視方案。因為，離婚之後可能會有各自的生活，甚至有新的伴侶，如果隨時可以探視，可能會因為生活受到影響而衍生新的糾紛。因此，建議就探視時段、地點、方式彼此雙方都要協議清楚，讓未成年子女在成長的過程中，也能和父母保持良好的互動。除非另一方有不利於子女安全與身心健康的行

為，否則獲得監護權的一方必須遵守約定，不能任意地拒絕另一方的探視權利。

　　很多人會為了離婚變得煩躁、心情低落，甚至影響工作與日常生活。當遇到這種情況時，如果能有一個律師，運用他的專業來協助處理這些問題，那麼就能幫助他，讓原本混亂的生活步入正軌，人生有個好的新起點。

## 用生命影響生命

　　我們在日常生活當中總會經歷各種想像不到的不同的挫折，而這些挫折也讓生活充滿著許多的挑戰。但是多數人一遇到挫折或挑戰就會放棄自己的目標。只有少數人才會在一切逆境面前堅持不懈，最終實現目標。

　　由於智權老師的個性比較熱心，喜歡幫助大家解決問題，在讀法律系的過程中，也發現到自己的人格特質，非常適合從事法律行業，而影響他最多的人，就是他的母親。

　　「她是一個很熱心，做事很堅持的人。以前我會不明白她為什麼需要那麼堅持，但是等到我自己出了社會，在工作的過程中，我發現，原來我也繼承這樣的一個良好的態度。」談到母親智權老師非常感恩地表示，從成立律師事務所至今，就是因為堅持，才有現在的成果，所以很多地方都有母親的精神存在。

　　當時由於母親生病，他回到家鄉桃園市陪伴母親，也成立鵬耀法

律事務所桃園所，主要的服務區域包括台北市、新北市、宜蘭縣、桃園市、新竹市、新竹縣等。在開業之初，有很多事情他都不懂，甚至在開業半年都沒有接到任何案件。由於他當時沒有成本概念，不懂得如何計算成本，因為學生時期只會讀書，法學院也沒有教如何營運律師事務所。幸好他的母親提供他很多的建議，其中有一個最關鍵的就是要「堅持」。

因為有著母親的支持與陪伴，讓智權老師持續堅持，並非輕易地就把律師事務所收起來，後來律師事務所的知名度慢慢打開，業務案件也陸續的進來，使律師事務所能夠順利的營運下去。

2019 年，智權老師在台北市成立鵬耀法律事務所台北所，服務區域已遍佈全臺。只是沒想到開業沒有多久就出現 COVID-19 疫情，但那時候就想起母親說的「堅持」，於是他思考在這種情況下，要用什麼樣的方式，讓律師事務所能夠穩定下來。

談起創業過程，他表示：「現在回頭來看，如果要堅持的話，一定要選對方向，如果方向不對，堅持也是無效。」

COVID-19 疫情三年期間，律師業也遇到嚴峻的挑戰。疫情期間，大家不出門，公家單位都配合疫情防疫措施，儘量不群聚，法院也儘量不開庭，很多律師事務所的營業額整體往下滑，甚至收支是無法打平的。這個時候就面臨抉擇，到底要不要繼續發薪水？還是要選擇收起來？後來他還是選擇薪水照發，雖然壓力很大，但是也因為他的這個決定，讓他靈光乍現。

他看到 Uber Eats 跟 Foodpanda 外送平台，在疫情來之後，改變

了大家的消費習慣。於是他想到一個新的服務方式，改變大家找律師的習慣，將面對面的諮詢，改成線上視訊諮詢。本來他以為執行率可能會很差，後來發現很多人都可以接受，因為大家都不想出門。透過視訊諮詢接案的方式，把律師事務所穩定下來。

其實，智權老師在國立政治大學法律系財經法組念書時，有感於法律工作常常跟時事有關，而且從事法律工作的過程中，也需要跟媒體應對，於是讓他萌生去了解媒體，於是進入國立臺灣大學新聞研究所研習，研究有線電視產業與法規政策。

擁有法律及新聞專長兩個學歷背景，讓他走出一條不一樣的道路，主要處理業務是電視台智慧財產權相關的案件。因為做媒體節目，尤其是新聞媒體，都是在跟時間賽跑，因此媒體業主都會希望有一個了解產業知識的律師，結合法律與媒體知識，跨域整合，就能夠儘量節省他們的溝通時間成本。

疫情期間，許多人在家收看網路節目或使用違法的機上盒收看電視頻道，而違法機上盒有盜版的節目或頻道，因此，疫情期間處理盜版的案反而變多了。

挺過疫情，智權老師認為永遠不要說不可能，因為這三個字其實會在無形當中為自己設限。一旦我們給自己設限，落入所謂的「限制性思維」，就不會去思考是否還有其他的可能性，如此一來，我們就只是讓上天賜給我們的機會白白地從指縫溜走。因此，只要不侷限任何可能性的發生，我們不僅能夠從中找到契機，甚至還有可能因此發掘出無限潛能。

## 預防法學，創造和樂社會

在執業期間，智權老師非常感恩遇到很多生命的貴人，讓法律事務所一直一步一步的逐年在成長。

在服務客戶的過程中，智權老師常跟法律事務所的夥伴們說：「我們辦的不是案件，我們辦的是人性；我們在做的不是法律，我們做的是溝通。如果我們有良好的溝通，很多案件在調解的階段就能解決，而不用進入訴訟程序」

智權老師希望透過法律知識的普及，來協助當事人減少糾紛，不是只有用訴訟的方式來處理。相對的，他認為要減少各種糾紛，就是將訴訟的方式變成專業諮詢，以同理心站在當事人的角度，來提供專業的法律建議，並擔任跟對方溝通的橋樑，用理性的方式更能解決法律問題。

他堅持「做對的事、面對問題、解決問題」，提供優良的法律服務，確實的解決當事人的困擾。此外，也為台灣的中、小企業提供優質的法律服務，並推廣「預防法學」。

我們都理解「預防勝於治療」的觀念，在身體健康時就要定期做健康檢查，如果檢查報告裡的某個指標是紅字時，就需要開始調整我們的生活方式，以減少日後疾病產生的機率。聘請法律顧問就跟我們在做健康檢查一樣，主要是協助確認公司營運的體質有沒有問題，預防公司發生法律上的風險，而不是等到發生法律風險後，再來解決後續問題。

因此，現在很多公司都會聘請法律顧問，在營運過程中如果遇到

需要諮詢意見時，能提供專業意見來做為決策的參考。舉凡是股權爭議、智慧財產權、NDA 協議、商務合作契約等，都是台灣中小企業主或專業經理人必須面臨的法律問題。

尤其商業的糾紛通常是來自雙方沒有在簽約前將合約細節寫清楚，導致契約在履行的過程中發生爭議，而必須付出慘痛代價。因此，企業的健全就和人體健康一樣，都需要定期做「健康檢查」。透過智權老師法律團隊的協助，也希望能協助台灣的中、小企業主，能夠「大鵬展翅、業績閃耀」。

由於網際網路的發達，促使現今的社會成為一個地球村，不論是任何的生意買賣、醫療保險、金融運作、資訊科技等，人們皆有可能與外國人接觸合作。智權老師也期望未來能夠成為一間跨國性的法律事務所，成為提供雙向的服務者。除了提供台灣在地客戶更優質的跨國服務，結合他國當地資源；同時也提供他國當事人來台投資的相關設立服務。

## 從法律問題到生命問題

身為律師，對這份工作需要有足夠的喜歡與熱情，才能夠支持自己走下去。因為這份工作需要承擔很大的壓力，當你在法庭上時，必須要能及時的回應法官，否則案件可能會敗訴。對於當事人，智權老師從法律問題到生命問題，都積極熱心處理。因為有時候要承擔的是當事人有著幾百萬，甚至是幾千萬、幾億的金額利益存在，甚至是攸關他未來的人生。

　　有一部由朱莉亞羅勃茲主演的電影《永不妥協》，她飾演一位單親媽媽，在律師事務所擔任檔案管理員的工作，有一天，她發現他們的村子被大企業排放的工業污水污染，造成村子裡很多的居民都生病了，他們的生命健康受到嚴重的威脅，但是都沒有人敢去告發這家大企業，連當地的律師也不敢有任何的作為。

　　非常有正義感的她想盡自己的一份力量去改變這個現狀，雖然她不是律師，她還是勇敢的去爭取。她挨家挨戶地去訪問村裡的居民並加以說明，在長時間的努力之下，終於獲得全村居民的合作連署來提告這個大企業，最後他們申告成功，讓全村居民和因為污水污染事件陷入生活困境的人們都拿到應有的補償金。

　　就如這部電影中的律師，智權老師談到打官司，就是不要去預設任何的立場和可能性，而在過程中，會有可能出現你認為不可能出現的機會，假如一開始就判定「無法勝訴」，那麼有再好的機會也會白白溜走。在人生的過程當中並沒有所謂的「不可能」，只有你自己想不想要的決心而已。

　　在服務客戶法律案件的過程中，他也分享印象比較深刻的案件。他曾為一位毒品被告辯護，一般人聽到毒品被告，都會覺得是惡名昭彰、十惡不赦。但透過為被告辯護讓我印象深刻的是，透過為被告辯護，改變了被告家庭關係。

　　這名被告年紀不大，當時他發生了一場車禍，撞到別人，對方要求賠償三十萬，為了籌這筆賠償費，他鋌而走險到海外運毒。智權老師律師承接這個毒品案件時，經過多次的律見與溝通後，建立出一定

的信任關係。智權老師對他說：「你已經是罪證確鑿，不要去想一堆理由來塘塞，這樣反而會讓法官對你的觀感很差，你沒有前科，只要你好好的承認罪行，或許表現好就能假釋出來了。」因為他願意信任律師，且完全坦承犯行，獲得輕判重獲新生的機會。

　　被告和母親是兩人相依為命，因為叛逆而離家出走。後來在處理法律事務的過程中，聯繫到他的母親，他的母親每次來法律事務時，都哭得一把鼻涕一把眼淚，她覺得怎麼好好的一個兒子會變成這樣。智權老師每次和他討論案情時都會說：「你媽媽每次到律師事務所，只要講到你的事情時，都是一把鼻涕一把眼淚。」他聽了之後也是直掉眼淚。智權老師不只在官司上努力，也在中間幫他們母子兩人做溝通，對於母子彼此的心結，也協助做了很大的處理。

　　這個浪子回頭的案件，讓他相信律師是一份「助人」的產業，小至個人，大至家庭、社會以至於整個國家，都能從中受惠。所以，律師的一己之力能帶動整個社會以至於國家進步，當每個人都能將這顆「助人」的心傳承下去，便能創造共好、和諧永續。

## 樂觀是一種最有效的工作策略

　　從事法律相關工作多年，智權老師會接觸到很多不同的人事物，他發現保有樂觀的態度跟積極正面的看待事物，是作為律師工作上很重要的二個特質，尤其在經歷過 COVID-19 疫情衝擊後，具有這樣的態度更為重要。

　　在聽當事人敘述的過程中，都會接受到很多的負能量，時常處在

高壓的狀態下，所以要能適時的釋放壓力，也是工作重要的一環，如果不懂得適時的調整，那麼很容易會出現心身症的狀況。

假設今天當事人說：「律師，我覺得好煩喔！」

然後，律師對當事人說：「是呀，我也覺得你的這些事情好煩喔！」

當律師比當事人顯得憂愁的話，就無法一起面對問題、解決問題。在當事人跟你抱怨時，身為律師應該是要告訴當事人：「你放心，這件事交給我，我來想辦法。」仔細告訴他，會用哪些步驟來幫他處理，讓他在走出事務所時就不會心煩，律師有時候也要扮演心理諮商師的角色。

哈佛大學心理學博士，也是暢銷書《EQ》的作者丹尼爾‧高曼說：「越艱難的工作就越需要對事物樂觀思考的方式，樂觀是一種最有效的工作策略。」

「樂觀」和「悲觀」都是來自心靈的力量，大家都可以自由選擇讓自己成為一個樂觀或是悲觀的人。當我們選擇做一個凡事樂觀、充滿憧憬和希望的的人，才能為你吸引到更多的「活力、快樂、業績」和數不清的滿心歡喜，「有一分熱、發一分光」。


## 講師的特質就是熱誠地分享

無論在哪個領域，都需要抱持一顆樂於學習的心。學習的心，就是讓自身能力不斷提升的基礎。同時，學習也不應設限，只要不設限，

無論在何處都能夠找到足以學習的對象。智權老師在律師的專業中，從律師產業出發，參加諸多學習性組織，其中之一就是「中華華人講師聯盟」。

「樂學分享、明師典範」，這是中華華人講師聯盟的宗旨。在這裡，他發現各行各業人士都擁有上台當講師的能力，參與的過程啟發他開啟一個新的視野。在每一位講師的演講時，都能聽到他們分享的成功訣竅，站在巨人的肩膀上，才能看得更高更遠。

他發現講師最重要的特質，就是「願意分享」。心態便是一切，當講師願意分享自身所學時，那些授課的內容、分享的技巧，都是可以事後學習。但是如果今天連站上台的勇氣都沒有，就無法成為超級講師。很多人會問：「律師常常都要講話，所以對於上台演說應該沒有問題。」

智權老師坦白說，他在剛從事律師這個行業的時候，對於上台會很害怕，因為他自認為很不會講話。在法庭上陳述時是會抖的，但是因為表達能力對於律師工作很重要，所以他無時無刻都想辦法在練習，只有不斷地練習，才能克服恐懼。很多事情透過不斷的練習，練習久了，你就會是專家。

爾後，智權老師也接到許多機關團體的演講邀請，每場演講都是深獲好評。由於律師演講時，最怕單調的講述法律條文，台下的聽眾很容易睡成一片。因此，如果演講的時間允許，智權老師通常會穿插不同的故事在演說裡面，所以他常常到處去蒐集故事，讓演講內容生動許多。

　　一個人的成功，其實真的不是光靠自己的學歷、背景、外表、專業能力等條件，不論條件如何，都要具有「謙卑的學習力」，懂得選擇良師益友，並且願意向他們虛心請益，並且信任他們的指導，那麼你的「能力」自然可以透過這些「良師益友」而有所提升。

# 預防法學為企業總體檢

　　預防法學為近來新興概念，認為法律的風險與人患病的風險相類似，藉由定期進行事前的風險控管，可有效降低法律事件發生所產生的不利益。也就是說，預防法學如同為企業、個人進行法律風險上的健康檢查，提早就可能產生之法律問題進行合理的風險分配及佈局。

　　企業在評估法律風險時，通常會聘任「法律顧問」，以年約的方式與律師事務所合作，以律師事務所作為公司的法務部門。一般而言，上市、上櫃公司都會配置法務部門，為公司各部分風險控管。然中、小企業由於事業規模的緣故，無法負擔高額成本在公司內部配置法務人員或律師，聘請法律顧問，讓外部律師為自家企業出謀劃策。

　　一個好的法律顧問可以除可藉由法律建議精準認知自身法律行為的權利、義務和法律責任外，更重要的是能提供關於商業模式要注意的潛在法律風險。法律顧問能協助契約撰擬和審閱、發函、契約談判與企業法令遵循等服務。用專業的法律支援和指導，減少客戶所要承受的法律風險。

　　以中小企業而言，常見的法律風險包括對勞動法規的生疏、智慧財產權保護的漠視、消費者保護法令的不熟悉與所簽署契約風險的評估。相較於後續投入高額的訴訟成本，法律顧問能及時地協助企業評估決策方向，以避免後續的紛爭、脫離法律訴訟的泥淖。

　　舉例而言，諸多電商平台業者對於七日無條件退貨的規定並不熟悉，以為這是提供消費者使用商品七日的鑑賞期。事實上，這樣的認知是錯誤的，七日是讓消費者確認是否要保留商品的「猶豫期間」，並非讓消費者試用，倘若消費者要求無條件退貨，在符合特定條件下，業者也可以拒絕，進而減少損失。因此，法律顧問不僅能預防法律風險的產生，更影響其交易的商業模式。為您的企業總體檢，請指名鵬耀法律，協助您「大鵬展翅、業績閃耀」。

國家圖書館出版品預行編目（CIP）資料

有一分熱 發一分光 / 中華華人講師聯盟 著 .

-- 初版 . -- 臺北市：匠心文化創意行銷有限公司，

2023.10　面；　公分 . --

ISBN 978-626-97301-5-5( 平裝 )

1.CST: 人生哲學 2.CST: 成功法

191.9　　　　　　　　　　　　112017639

# 有一分熱 發一分光

作　　者　中華華人講師聯盟
講 師 群　羅懿芬 吳佰鴻 謝聰評 黃子為 賴明玉 謝秀慧
　　　　　陳宜禮 李培甄 王俊涵 劉爾金 高家偉 戴智權
圖書出版　匠心文化創意行銷有限公司
發 行 人　張文豪
總 策 劃　羅懿芬
總 執 行　黃子為
出版總監　柯延婷
執行總編　郭茵娜
內文整理　渠成文化編輯部
美術設計　宛美設計工作室
E-mail　　cxwc0801@gmil.com


總 代 理　旭昇圖書有限公司
地　　址　新北市中和區中山路二段 352 號 2 樓
電　　話　02-2245- 1480（代表號）
印　　製　上鎰數位科技印刷有限公司
定　　價　新台幣 450 元
初版一刷　2023 年 10 月


ISBN 978-626-97301-5-5